城市轨道交通工程
安全文明施工标准化
管理手册

殷茜东　宓绅　刘阳　主编

中国建筑工业出版社

《城市轨道交通工程安全文明施工标准化管理手册》编写委员会

主　　编：殷茜东　宓　绅　刘　阳

副 主 编：马佳星　潘　涛　盖姜博　王　术

编　　委：（按姓氏笔画排序）

丁建成　马　颖　王　韬　王小军　王旭虹　尹子豪　叶　挺　叶荣华
叶咪咪　邢　闯　任晶鸽　刘　东　刘　腾　刘骞宇　闫希东　许　锋
李　程　李　强　李　澍　李群鹏　吴鑫杰　邱　波　侣文娜　沈华宇
沈非凡　张　杰　陈卓辉　陈科旭　金　恒　周　磊　郑　建　练松松
查支祥　姜任凯　姜和远　夏汉庸　徐泽华　高佳辉　郭建磊　黄　涛
黄　悦　曹纳德　曹信江　韩三琪　谢龙伟　雷　明　赫广亮

编写单位：

宁波市轨道交通集团有限公司

浙大宁波理工学院

中铁四局集团有限公司

中铁二局集团有限公司

中铁十四局集团有限公司

上海隧道工程股份有限公司

宁波国际投资咨询有限公司

前　言

在快速城市化和现代化的进程中，城市轨道交通建设作为促进城市发展的重要支撑，其安全文明施工显得尤为重要。《国务院关于进一步加强安全生产工作的决定》明确要求各类企业开展安全质量标准化活动，住房和城乡建设部在建筑工程建设方面也提出了严格的安全管理要求。根据国务院、住房和城乡建设部的指导精神，我们编写了《城市轨道交通工程安全文明施工标准化管理手册》，旨在确保安全文明施工管理的标准化、系统化、规范化。

本手册的编写是推动城市轨道交通工程建设安全质量标准化的一项基础工作，也是体现安全质量精细化管理的重要举措。其内容涵盖了施工现场安全管理、安全防护、管线保护等关键领域，对施工现场安全生产和文明施工标准化管理进行了细化和图解，力求将复杂的施工管理内容呈现得简明易懂。本手册还强调了科技创新在提升施工安全文明水平中的重要作用，鼓励采用新技术、新工艺、新材料，以实现施工过程的绿色化、智能化。

在本手册的编写过程中，我们秉承着依据可靠、做法规范、重点突出、表述准确、图文并茂、通俗易懂的原则，力求保持内容的准确性和前瞻性，为城市轨道交通安全文明施工提供一份全面、实用的管理参考手册。

本手册的编制得到了宁波市轨道交通工程建设施工、监理等单位的大力支持，在此表示衷心的感谢！希望本手册能够为城市轨道交通建设领域的从业者提供参考，促进行业的健康发展，为城市交通安全文明建设贡献力量。

目 录

第1章 总则与基本规定 ……………………………………001

  1.1 总则 ……………………………………………………002
  1.2 基本规定 ………………………………………………002

第2章 安全文明施工管理行为 ……………………………005

  2.1 管理体系 ………………………………………………006
  2.2 安全文明施工责任制与管理制度 ……………………006
  2.3 安全教育与培训 ………………………………………008
  2.4 安全文明施工组织设计与专项施工方案 ……………011
     2.4.1 编制与审批 ……………………………………011
     2.4.2 内容要求 ………………………………………012

第3章 安全防护 ……………………………………………013

  3.1 一般规定 ………………………………………………014
  3.2 防护用品 ………………………………………………014
     3.2.1 安全帽 …………………………………………014
     3.2.2 安全网 …………………………………………016
     3.2.3 安全带 …………………………………………016
  3.3 洞口防护 ………………………………………………017
     3.3.1 预留洞口防护 …………………………………017
     3.3.2 电梯井口防护 …………………………………018
     3.3.3 通道口防护 ……………………………………019
  3.4 临边防护 ………………………………………………019
     3.4.1 端头井、基坑临边防护 ………………………019
     3.4.2 地连墙槽口防护 ………………………………021
     3.4.3 车站基坑混凝土支撑梁通道及冠梁防护 ……021
     3.4.4 站台板临边防护 ………………………………022
     3.4.5 高架临边防护 …………………………………023
  3.5 上下通道 ………………………………………………023

3.5.1　楼梯 023
　　　3.5.2　下井钢梯 024
　　　3.5.3　梯笼 024
　　　3.5.4　应急逃生通道 025
　3.6　作业平台 025
　　　3.6.1　移动式操作平台 025
　　　3.6.2　接触网梯车作业平台 026
　　　3.6.3　单轨梯车作业平台 027
　3.7　挂篮防护 027
　　　3.7.1　挂篮施工安全防护 027
　　　3.7.2　声屏障施工安全防护 028
　3.8　封闭围挡 028
　　　3.8.1　轻型钢结构立柱＋彩钢板围挡 028
　　　3.8.2　照明系统 029
　　　3.8.3　围挡喷淋系统 029
　　　3.8.4　附属施工封闭 030
　　　3.8.5　临时围挡 030
　3.9　脚手架 031
　　　3.9.1　承插型盘扣式钢管脚手架 031
　　　3.9.2　盘扣式构配件管理与检测 031
　　　3.9.3　脚手架临边防护与通道 031

第 4 章　消防安全 033

4.1　一般规定 034
4.2　防火管理 035
4.3　消防布置 037
4.4　防火间距 038
4.5　在建工程防火 039
4.6　临时用房防火 040
4.7　危化品管理 040
4.8　临时消防设施 041

第 5 章　管线保护 — 045

- 5.1　一般规定 — 046
- 5.2　保护对象 — 048
  - 5.2.1　管线类别 — 048
  - 5.2.2　保护红线 — 048
- 5.3　程序要求 — 049
  - 5.3.1　管线保护全过程管理程序 — 049
  - 5.3.2　管理要点 — 049
- 5.4　保护措施 — 053
  - 5.4.1　通用措施 — 053
  - 5.4.2　专项措施 — 054

第 6 章　临时建筑 — 061

- 6.1　一般规定 — 062
- 6.2　办公区 — 063
- 6.3　会议室 — 064
- 6.4　宿舍区 — 065
- 6.5　餐饮区 — 066
- 6.6　洗漱区 — 067
- 6.7　现场临时设施棚 — 068
- 6.8　仓库 — 069
- 6.9　材料堆码 — 072

第 7 章　施工用电 — 075

- 7.1　一般规定 — 076
- 7.2　外电防护 — 076
- 7.3　接地与接零保护系统 — 078
- 7.4　配电室 — 079
- 7.5　配电箱 — 079
  - 7.5.1　总体要求 — 079
  - 7.5.2　电器元件 — 081
  - 7.5.3　位置 — 082
  - 7.5.4　接线 — 082

	7.5.5	接地	083
7.6	配电线路	083
	7.6.1	材质	083
	7.6.2	标识	084
	7.6.3	敷设方式	084
7.7	现场照明	085
7.8	生活办公区配电	087

第8章 建筑起重机械 089

8.? 090
8.? 092
8.? 092
8.? 建筑起重机械 092
8.? 092
8.? 093
8.? 095
8.? 097
8.? 097
8.? 099
8.? 101
8.9 103
8.10 104
8.11 106
8.12 108
8.13 110
8.14 112
8.15 113
8.16 117
8.17 118

第9章 智能 125

9.1 基于 126
9.2 危险源 129
9.3 隐患排 131

第 1 章 总则与基本规定

1.1 总则

1. 为实现城市轨道交通工程建设安全文明施工管理的标准化、系统化、规范化，有效提高安全管理水平，特编制本手册。

2. 本手册以安全管理行为标准化和现场安全生产标准化为核心，旨在为城市轨道交通工程的各参建方提出标准化管理要求，包括现场安全文明施工、不同工法施工等。各标段应结合实际工作情况，制定相应的实施细则。

3. 本手册针对城市轨道交通的新建工程，涵盖安全标准化建设和管理等方面。改建和扩建工程可参照执行。

4. 城市轨道交通工程建设安全生产标准化管理除参考本手册的规定外，还应符合国家、行业现行的相关标准与规定。

5. 当本手册的规定与国家强制性标准不一致时，以国家强制性标准规定为准。

1.2 基本规定

1. 本手册涵盖城市轨道交通工程建设各阶段施工内容，对标《城市轨道交通工程建设安全生产标准化管理技术指南》《危险性较大的分部分项工程安全管理规定》《城市轨道交通工程质量安全检查指南》等要求，以优化管理方法为出发点，提出通用性与具体情境的标准化要求。

2. 本手册以安全管理行为标准化和现场安全生产标准化为核心，进一步构建更加系统的安全施工体系，明确各参建单位安全管理职责、安全风险管理目标、现场施工安全控制措施、各工法及各工序安全生产控制要点。

3. 对于安全管理行为的标准化，旨在规定参与各方在安全管理方面应承担的责任与义务，以满足"体系健全、制度完备、责任明确、风险可控"的要求。参与各方包括建设、勘察、设计、施工、监理以及第三方监测等单位。

（1）建设单位需对工程建设的安全质量负总责。具体包括：管理机构与人员配置、责任体系与管理制度、安全教育与培训交底、建设过程的技术、施工与协调管理等。

（2）勘察单位应承担对工程项目安全质量的勘察责任。具体包括：资质资格与管理机构、勘察大纲的策划与实施、勘察成果的交付与配合施工等。

（3）设计单位需对工程项目的安全质量负设计责任。具体包括：资质资格与管理机构、设计依据获取与设计安全控制、设计与施工的协调等。

（4）施工单位负责承担建设工程安全生产的主体责任。具体包括：资质资格与管理机构、管理制度与教育、施工组织设计与专项施工方案、现场施工管理等。

（5）监理单位需对工程项目的安全质量负监理责任。具体包括：资质资格与管理机构、监理规划与实施细则、监理审查管理、现场管理与协调等。

（6）第三方监测单位需要对工程项目的安全质量负监测责任。具体包括：资质资格与管理机构、仪器设备的要求、监测方案的制定、审查与实施等。

4. 安全风险管理应贯穿工程建设全过程，确保建设、施工等各方参与者履行其主体责任。包括风险分级控制、隐患排查整治、应急管理、危大工程管理、关键节点条件审查、周边环境安全及对不良地质影响的管理、特殊气候安全管理、监测与预警管理等。

5. 现场安全生产标准化针对现场施工安全制定标准化控制要点。包括安全文明施工、安全防护、消防安全、管线保护、施工用电、施工机械和智能建造等全过程，以及脚手架、钢筋、模板支架等通用工程施工。

6. 智能建造助力推动轨道交通高质量发展，实现静态与动态的安全风险管理，优化施工中的人、机、料、法、环之间以及各级管理层之间的交互方式。通过建立互联网协同、安全监控、数据收集和智能分析等信息化生态系统，实现安全生产目标的智能化和多元化。包括基于CPS的施工风险主动控制技术、基于BIM的施工风险管控技术、城市轨道交通安全风险管控技术、互联网+地铁工程施工质量安全大数据管理成套技术。

（1）基于CPS的施工风险主动控制技术，可通过信息物理系统实现地铁工程物理世界与信息世界之间的深度融合，对施工现场风险进行主动控制。

（2）基于BIM的施工风险管控技术，利用信息化手段规范施工风险管控流程，取代传统的分散管理模式，实现对地铁施工安全风险的全员和全过程管控。

（3）城市轨道交通安全风险管控技术，可采用GIS、无线通信、光纤专网等手段，对轨道交通建设全过程参建各方的安全风险进行静态与动态管理。

（4）互联网+地铁工程施工质量安全大数据管理成套技术，整合物联网、云计算、大数据、人工智能等信息化手段，形成适应大规模地铁建设的质量安全大数据管理集成平台，提升参建各方的质量安全监管水平，实现质量安全管理模式的转型升级。

第 2 章
安全文明施工管理行为

2.1 管理体系

1. 加强安全文明施工管理，应设置安全生产管理机构或配备专职安全管理人员，安全管理人员应具备相应的知识、经验。同时，应明确项目负责人，按规定签署法定代表人授权书。

2. 专职安全管理人员的配备应与工程建设规模、复杂程度和管理需求相匹配。

3. 需建立完善的生产安全事故应急工作责任制，其主要负责人负责全面管理本单位的生产安全事故应急工作。

2.2 安全文明施工责任制与管理制度

1. 建立健全本单位各层级的安全责任制，明确所有部门及岗位的安全责任范围，该责任制应涵盖法律法规、规章、规范性文件规定的所有安全责任。

2. 建立健全本单位安全考核制度，构建施工安全保障体系，体系案例如图 2-1 所示，明确各岗位安全考核标准，定期开展考核。

3. 建立健全安全管理制度，内容符合相关法规要求，满足工程安全管理需求。制度应包含但不限于以下方面：施工、监理、设计、勘察、第三方监测合同，签署安全质量责任书，详见图 2-2，确保现场安全管理，包括文明施工、消防、人员和设备管理，多单位共同作业区管理，车辆和设备调试等；安全风险管理，包括风险分级管控、隐患排查治理；工程周边环境调查，危大工程管理，关键节点条件核查，应急管理，监测管理，事故调查及报告，安全教育培训等。

4. 建立健全安全会议制度，定期组织开展例会、专题会和年度工作会等各类安

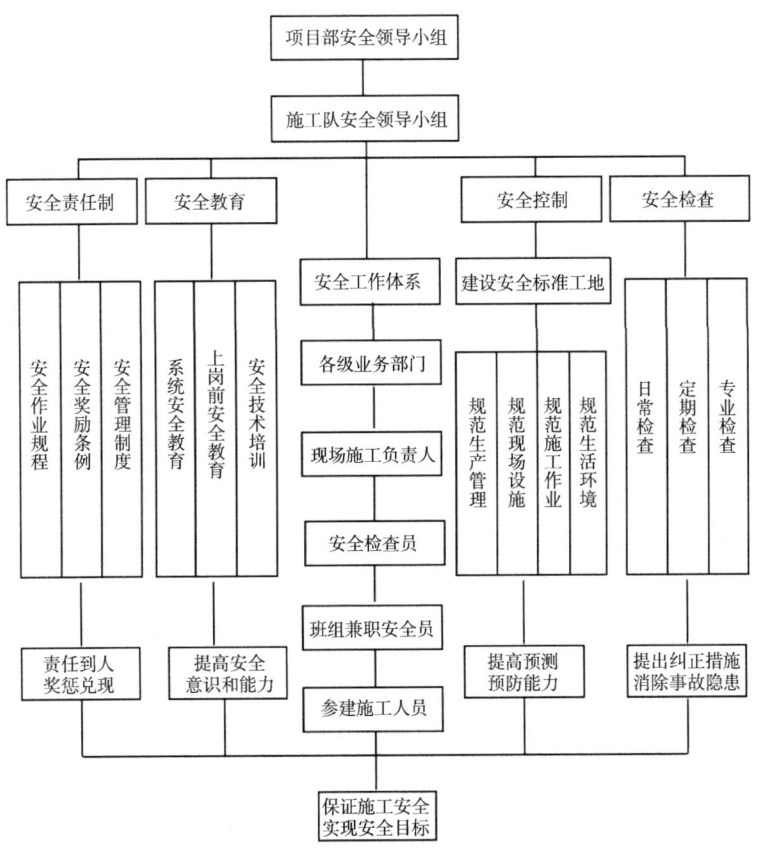

图 2-1 安全生产保证体系案例

安全质量责任书

甲方：<u>中铁四局宁波轨道交通 2 号线二期 T12219 标项目部</u>

乙方：<u>中铁四局宁波轨道交通 2 号线二期 TJ2219 标项目部-安质部</u>

为贯彻落实党和国家有关安全、质量、职业健康方针和环境保护原则，牢固树立安全发展和"零事故"理念，弘扬生命至上，安全第一的思想，坚守红线底线，强化安全生产源头预防预控，推进安全生产"管""监"分离，构建"党政同责，一岗双责；齐抓共管，失职追责"的安全质量责任体系，切实落实全员安全、质量、环保和职业健康责任，强化规章制度贯彻落实，广泛开展安全质量教育培训，突出安全质量风险源头管理和隐患排查整治，强化专职机构和管控队伍建设，加强项目安全质量标准化管理，严控风险，严防事故，根据国家、行业、股份公司、局有关规定和公司管理需要，经协商，签订本责任书。

第一条、责任范围

1、乙方在本项目管段内安全质量监察业务范围内的安全质量责任目标。

第二条、责任目标

定对乙方进行责任追究和经济处罚。

4.2 乙方绝不迟报、瞒报事故。对得知公司所属项目发生安全、质量、职业健康危害事故和环境污染事件信息，未向甲方汇报等情节恶劣的，甲方依规对乙方相关责任人从严从重处罚。

第五条 其他内容

1、工作职责因不可抗拒自然灾害造成的事故不追究责任。

2、本责任书解释权归中铁四局集团宁波轨道交通 2 号线二期土建工程 TJ2219 标项目经理部。

3、本责任书一式二份，由经理部安全职能部门保管一份及责任人一份。

4、本责任书自双方签字之日起至工程结束后自动终止。

5、除非发出单位要求重新签订或同意解除外，以下本责任书均视为有效。

项目经理：　　　　　　　　　　部门负责人：

图 2-2 安全质量责任书案例

全会议。翔实记录会议内容，确保信息畅通，加强部门间安全工作的沟通与合作，推动安全管理的实施。

5. 建立安全文明施工积分制度，通过积分管理对员工进行动态、量化考核的系统管理，引导一线作业人员自觉遵守安全生产制度，自觉做好安全防护。

6. 通过图表明确各类作业的责任分工，形成整体施工作业面区域化管理，工作内容清单化管理，人员责任网格化管理，确保安全管理全面覆盖、分级负责、责任到人、动态管理，案例如图 2-3 所示。同时，定期进行监督考核与通报，确保做到全员、全覆盖、全时段参与监管，达到安全生产监管的立体化、全面化、层次化，压实全员安全责任。

图 2-3　安全文明施工网格化管理案例

2.3　安全教育与培训

1. 制定详尽的安全教育培训工作计划，确保其全面性和系统性，并严格执行该计划。

2. 安全生产监督管理职责部门应对项目主要负责人和安全管理人员的安全生产知识和管理能力进行考核，须保证合格。

3. 组织进入新岗位或者新进入施工现场的管理人员和作业人员（含专业分包单位的作业人员），进行以安全法律法规、施工现场安全管理规定及各种安全技术操作规程为主要内容的三级安全教育培训，资料案例如图 2–4 所示。经考核合格后方可上岗。起重机械租赁单位的作业人员及其他临时入场作业人员应经过安全教育后方可入场作业。

4. 采用新技术、新工艺、新材料或者使用新设备时，应了解、掌握其安全技术特性，采取有效的安全防护措施，并对从业人员进行专门的安全生产教育和培训。

5. 落实开展“2332”班前教育培训，以“带班领导带头讲、安全管理人员经常讲、班组长每天讲”有效组织好班前 10 分钟安全教育，提升现场作业人员的安全意识。安全教育培训实例如图 2–5 所示。

6. 应对新职工进行至少 32 学时的安全培训，每年进行至少 20 学时再培训。

7. 特种作业人员应进行专门的安全作业培训，依法取得特种作业人员操作资格证书，每年还应进行不小于 24 学时的针对性安全教育培训或者继续教育。

8. 可通过仿真模拟培训、体验式培训、建立民工业余学校、举办安全知识讲座、举办安全知识竞赛等方式开展培训，加强作业人员对施工安全的认知。

9. 严格执行班前安全活动制度，根据施工作业环境等因素开展有针对性的班前安全教育，并做好班前安全活动记录。

10. 应对作业人员普及触电、高处坠落或有限空间中毒、窒息等事故应急救援知识。

11. 应利用实名制信息管理系统，对轨道交通工程项目人员身份信息、居住信息、

关于组织三级安全教育的通知

致：施工班组

为进一步加强施工工人进场三级安全教育，促进现场安全措施的有效落实，使新进场员工快速适应岗位要求，加快对×××工程工作环境的熟识，并掌握好相应的安全防范技能，安质部将组织新员工培训，现将培训相关事宜通知如下：

一、培训时间：

二、培训地点：

三、培训要求

1、请班组管理人员提前安排好工作，新员工必须参加培训，并提前5分钟到达培训现场。

2、请参训员工遵守培训纪律、认真听课，培训完后将

三级教育	内　　容	教育日期及学时	教育人签字及职务	受教育人签名
公司级	公司对工人、新工人等进行入场安全基本知识、规范、法制等教育的主要内容有。①、党和国家的安全生产的方针政策。②、安全生产法规、标准和法制观念。③、公司的安全生产规章制度和安全纪律。④、公司安全生产形势和原来发生过的安全事故案例，以及今后应吸取的教训。⑤、当发生事故后应及时抢救伤员、排除险情、保护好现场并及时报告工地负责人。	15学时	安质部部长	
项目部级	项目部对工人、新工人等进行入场安全教育的主要内容有：①、本工程的施工生产和安全基本知识。②、本工程施工或生产场地安全生产规章制度、规定、纪律和安全注意事项。③、对机械设备、电气安全及高空作业的安全知识教育。④、根据本工程具体情况进行防火、防爆、紧急情况安全处理和安全疏散知识的教育，⑤,个人防护用品，工具使用基本知识教育。⑥、贯彻“预防为主，安全第一”的安全意识教育。	15学时	项目安全员	
班组级	班组长对组员入场安全教育的主要内容有：①、工种的作业特点和安全操作规程的教育。②班组安全活动的制度和纪律。③、爱护和正确使用安全防护装置、防护设施和个人劳保用品。④、工种岗位容易发生的事故、不安全因素及防护措施⑤、岗位的作业环境，使用机械设备的安全要求。	20学时	班组长	

图 2–4　三级安全教育培训资料案例

劳动关系、工资发放、考勤信息、工作经历、良好行为及不良行为、执业证书、安全培训证书等基本信息进行采集，建立现场人员的信息档案，对轨道交通工程项目人员进行组织化、信息化管理。

12. 根据各时期安全工作特点，悬挂安全横幅、设置安全知识展板、发放宣传资料、播放宣传片，安全知识展板设置实例如图2-6所示，让安全行为转化为自觉行动。

13. 在施工场地内设置多处LED显示屏，通过文字、图片、语音、视频的方式进行循环交底和教育，实现安全质量标语处处在，安全质量问题时时提，安全质量事故处处防，LED安全教育屏设置实例如图2-7所示。

图2-5　安全教育培训实例

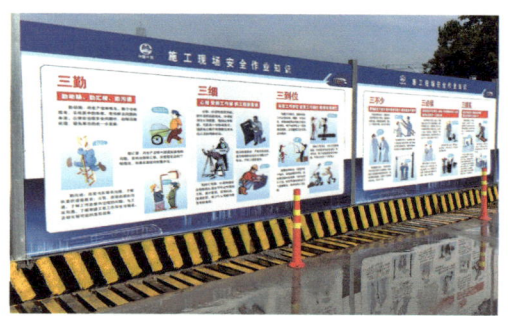

图2-6　安全知识展板设置实例

图2-7　LED安全教育屏设置实例

2.4 安全文明施工组织设计与专项施工方案

2.4.1 编制与审批

1. 施工图设计文件应经审查合格后，方可用于现场施工。

2. 施工组织设计编制前，应仔细全面熟悉施工图设计文件，核实其与现场实际情况的一致性。

3. 施工组织设计由项目负责人主持编制，经监理单位审批后实施，可分阶段编制和审批，施工技术方案报审案例如图 2-8 所示。

4. 施工组织设计及专项方案内部审核、审批流程：

（1）施工组织总设计由总承包单位技术负责人审批；

（2）单位工程施工组织设计由施工单位技术负责人或其授权的技术人员审批；

（3）施工方案由项目技术负责人审批；

（4）重点、难点分部（分项）工程和专项工程施工方案由施工单位技术部门组织相关专家评审，施工单位技术负责人批准；

（5）专业承包单位施工的分部（分项）工程或专项工程的施工方案，由专业承包单位技术负责人或其授权的技术人员审批；有总承包单位时，由总承包单位项目技术负责人核准备案；

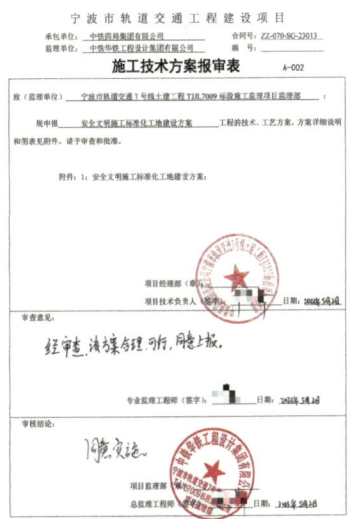

图 2-8 施工技术方案报审案例

（6）达到一定规模的危险性较大的分部（分项）工程，如基坑支护与降水工程、土方开挖工程等，应编制专项施工方案，经施工单位技术负责人审核签字、单位公章加盖，并由总监理工程师审查签字、执业印章盖章，通过专家论证会后实施。

5. 规模较大的分部（分项）工程和专项工程的施工方案应按单位工程施工组织设计进行编制和审批。

2.4.2 内容要求

1. 施工组织设计应包括基本要素如编制依据、工程概况、施工部署、施工进度计划、施工准备及资源配置、主要施工方法、施工现场平面布置和管理计划等。

2. 施工组织设计的施工进度计划应合理，不得盲目压缩工期。

3. 施工组织设计应落实保障施工安全的设计措施，并根据工程特点、施工工艺、周边环境等制定具有针对性的安全技术措施。

4. 施工组织设计中对拟采用的新技术、新工艺、新材料、新设备，应进行技术论证，论证通过后方可使用，不得采用国家已禁止的工艺或产品。

5. 若工程条件发生变化，如设计重大修改、法规标准修订或废止、主要施工方法变化或施工环境重大改变等，影响施工指导时，应及时修改施工组织设计或对其进行补充。同时，应与施工组织设计同步编制现场标准化实施方案，并确保实施到位。

6. 安全文明施工组织设计目录案例如图2-9所示。

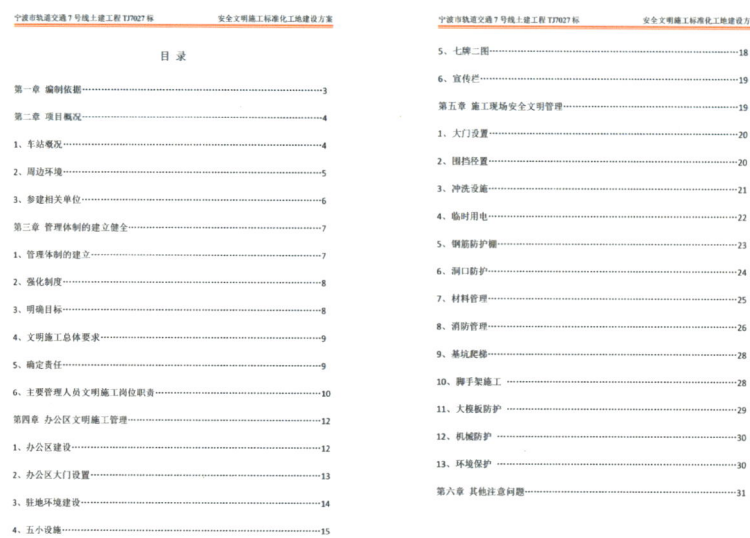

图2-9　安全文明施工组织设计目录案例

第 3 章
安全防护

3.1 一般规定

1. 施工单位应根据《个体防护装备配备规范 第 1 部分：总则》GB 39800.1–2020、《劳动防护用品监督管理规定》制定安全防护与职业卫生用品管理制度，落实劳动防护用品的管理，保障劳动者的职业安全与健康，预防、控制和消除职业危害。

2. 工作面、上下通道、基坑、沟、槽、竖井、高架桥、屋面、建筑阳台、楼板、站台、车站中板、顶板及临边等部位应设置防护栏杆，临边防护符合规范要求；防护措施、设施宜采用定型化、工具化杆件，杆件的规格及连接固定方式应符合规范要求。

3. 在建工程的预留洞口、楼梯口、电梯井口、风井口等按其大小和性质分别设置牢固的盖板、防护栏杆、安全网或其他防坠落的防护设施。洞口防护应符合规范要求。

4. 物料平台应按专项方案搭设，应与工程结构进行刚性连接或加设防倾措施，不得与脚手架连接，立杆间距和步距应符合设计要求，立杆下部设置底座或垫板，纵向与横向扫地杆、外侧剪刀撑或斜撑等应符合规范要求。

3.2 防护用品

3.2.1 安全帽

1. 进入施工现场人员应正确使用安全帽，规范佩戴，系好帽带，严禁乱抛、乱扔或用于坐和垫。

2. 安全帽材质应符合《头部防护 安全帽》GB 2811–2019 规定，性能满足耐冲击、耐穿透、耐低温、侧向刚性等技术规范标准要求。帽壳上有永久性标志。

3. 安全帽要经常进行检查，不得使用缺衬、缺带或破损的安全帽，必要时进行更换，确保人员安全。

4. 颜色规定。监理人员为白色，项目部管理人员和安全员为红色；特种作业人员为蓝色，一般作业人员为黄色；外来人员使用白色安全帽。

5. 特种作业人员安全帽侧面用 50 号红色字体注明工种；安全员安全帽侧面用 50 号红色字体标注"安全员"字样。安全帽配备展示如图 3-1 所示。

6. 施工现场设置安全帽佩戴和着装规范检查图，实例如图 3-2 所示。

7. 智能安全帽设置

（1）可设置工业级高清晰度摄像头及 4G/Wi-Fi 网络的智能化安全帽产品；

（2）安全帽需具备录像、存储及夜间照明功能，需满足实时语音视频通话、实时视频监控、实时语音对讲、GPS 定位、电子围栏、SOS 报警、跌落报警、撞击报警、高度检测远程指导及可视化管理需求。智能化安全帽实例如图 3-3 所示。

图 3-1 安全帽配备示例图

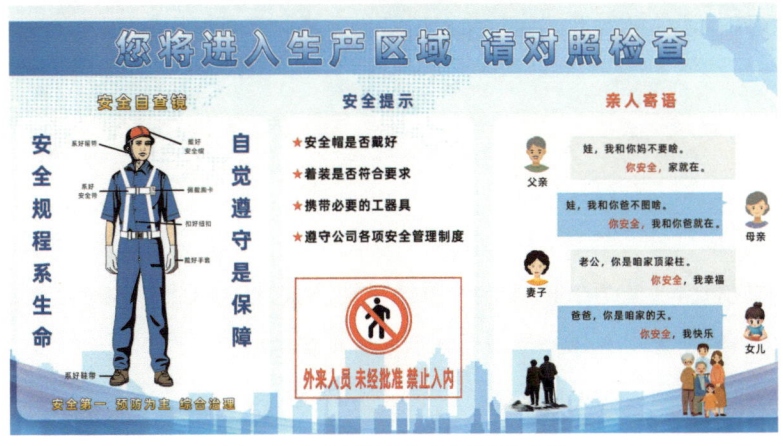

图 3-2 安全帽佩戴和着装规范检查图

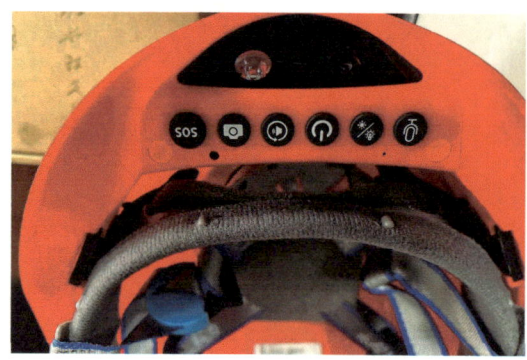 

图 3-3　智能化安全帽实例

3.2.2　安全网

1. 安全网的规格、材质应符合国家标准，力学性能试验符合产品要求。应使用合格的并通过安检主管部门"三证一标志"（生产制造许可证、产品合格证、安全鉴定证、安全标志）认可的产品。

2. 在建工程外侧应使用密目式安全网封闭，高架桥面边等临边防护应挂设安全网，钢结构、屋面应设置安全平网，经验收合格后挂牌使用。

3. 支撑物应有足够的强度、刚度和稳定性，系网处无尖锐边缘。

4. 多张网连接使用时，相邻部分应靠紧或重叠。

5. 平网安装时不宜绷紧，安装平面与水平面平行或外高里低。网与其下方物体表面的最小距离不得小于 3 m。

6. 立网平面与支撑作业人员的面之边缘处的最大间隙不超过 10cm。

7. 现场洞口应使用全封闭安全网。规格有两种：ML1.8m×6m 或 ML1.5m×6m 的密目网重量大于或等于 3 kg/m^2，安全网进场后，除对外观、尺寸、重量、目数等项目的检查外，还要做贯穿试验、冲击试验，合格后方可使用。

3.2.3　安全带

1. 安全带应符合《坠落防护 安全带》GB 6095-2021 规定，并有产品检验合格证明。材质应符合《坠落防护 安全带系统性能测试方法》GB/T 6096-2020 规定。安全带寿命一般为 3～5 年，使用 2 年后应做批量抽检。

2. 有坠落风险的作业人员必须正确佩戴使用安全带。

3. 安全带无悬挂固定点的，设置可靠的临时固定措施。

4. 安全带应使用双大勾、双背带式，零部件不应产生带撕裂、环类零件开口、绳断股、连接器打开、带扣松脱、缝线迸裂、运动机构卡死等足以使零件失效的情况。

5. 安全绳（包括未展开的缓冲器）有效长度不应大于 2 m，有两根安全绳（包括未展开的缓冲器）的安全带，其单根有效长度不应大于 1.2 m。

6. 安全带应高挂低用，注意防止摆动碰撞。

7. 不准将绳打结使用。不准将钩直接挂在安全绳上使用，应挂在连接环上使用。

8. 安全带上的各种部件不得任意拆掉。更换新绳时要注意加绳套。

9. 安全绳不得擅自接长使用。

10. 使用频繁的安全绳要经常做外观检查，发现异常应立即更换新绳，带子使用寿命为 3～5 年，发现异常应提前报废。

11. 禁止将安全绳用作悬吊绳。悬吊绳与安全绳禁止共用连接器。

12. 规范设置安全带，安全带使用后有专人负责，存放在干燥、通风的仓库内。

13. 现场施工设置安全带实例如图 3-4 所示。

图 3-4　现场施工设置安全带实例

3.3　洞口防护

3.3.1　预留洞口防护

1. 最长边尺寸在 500mm 以下（含 500 mm）的预留洞口必须用钢板遮盖防护，钢板边缘超出洞口边缘 200mm，钢板用螺钉固定，插入地面不少于 50mm；防护板应在面层涂刷安全警示色（适用于车站、机电）。

2. 最短边尺寸在 500mm 以上的洞口应设置防护栏杆。防护栏杆高度 1200mm，挡脚板不低于 180mm，距离洞口边 200mm 以上，四周张挂密目式安全网，洞口处设置防坠安全平网（本防护形式也适用于桥梁基坑、结构临边的防护）。

3. 电梯井口设防护栏或固定栅门与工具式栅门，电梯井内每隔两层（≤10m）设一道安全平网。

4. 防护措施、设施应符合规范要求，应使用定型化、工具化的防护构件。

5. 施工现场通道附近的各类洞口与坑槽等处，除设防护设施与安全标志外，夜间应设红灯警示，预留洞口防护实例如图 3-5 所示。

图 3-5　预留洞口防护实例

3.3.2　电梯井口防护

1. 电梯井口必须设防护固定栅门，高度不低于 2m，宽度根据井口尺寸选定。采用钢筋焊接的选用 ϕ16 钢筋作边框，其余选用 ϕ12 钢筋；采用方管焊接的选用 30mm×30 mm 方管制作骨架，电梯井口防护实例如图 3-6 所示。

2. 在防护门上口两端设置 ϕ16 钢筋作为翻转轴。固定栅门式防护底部应设不低于 20cm 高的挡脚板。

3. 电梯井门洞口安装 1.6 m 高标准化安全防护门，采用膨胀螺丝固定。防护门底部安装 200 mm 高木质踢脚板，防护门外侧张挂"当心坠落"安全警示标志。

图 3-6　电梯井口防护实例

4. 电梯井内竖向防护应每层设置一道水平防护兜网,每隔两层设置一道硬质防护。硬质防护应设为双层,上面一层为钢笆子,下面一层为防火板。

3.3.3 通道口防护

1. 下层作业的位置应处于高处坠落半径之外,否则必须搭设安全防护棚。

2. 主体结构施工自二层起,凡人员出入的通道口均应搭设安全防护棚;高度在24 m以上的交叉作业,应设双层防护。

3. 由于上方施工可能坠落物件或处于起重机臂杆回转范围之内的通道,在其受影响范围内,必须搭设顶部能防止穿透的双层防护棚。棚宽大于道口,两端各长出1 m,进深尺寸应符合高处作业安全防护范围。坠落半径(R)分别为:当坠落物高度为2~5m时,R为3m;当坠落物高度为5~15m时,R为4m;当坠落物高度为15~30m时,R为5m;当坠落物高度大于30m时,R为6m。

4. 场内(外)道路边线与建筑物(或外脚手架)边缘距离均小于坠落半径的,应搭设安全通道,安全通道防护实例如图3-7所示。

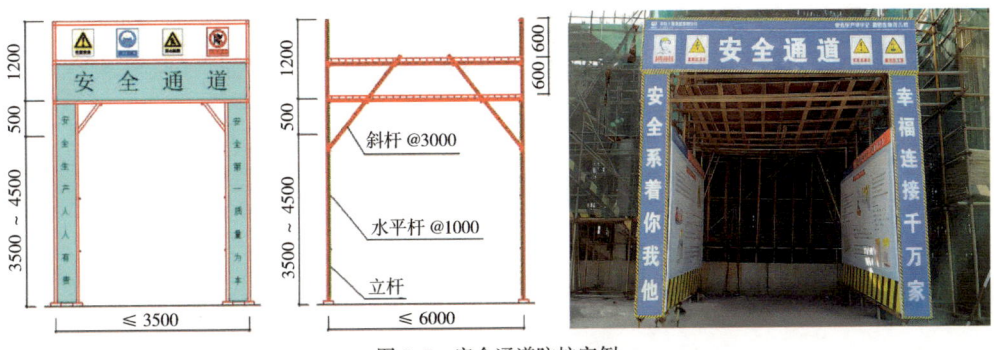

图3-7 安全通道防护实例

3.4 临边防护

3.4.1 端头井、基坑临边防护

1. 挡水墙

采用钢筋混凝土浇筑成型,宽度20cm,墙顶高程原则上应高出周围地面

50cm，并满足不低于所在区域 100 年一遇涝水位 + 0.5m 和标高 3.5m 的要求。挡水墙连续封闭，与冠梁连接牢固，具有足够的强度，能够承受机械意外碰撞而不损坏，实例如图 3-8 所示。

2. 附属结构

U 形挡墙：出入口基坑开挖关键节点条件验收前，应完成坡顶平台处 U 形混凝土挡墙，U 形挡墙高度不应低于挡水墙高度，并与挡水墙相连形成封闭挡水结构。

斜坡段：斜坡段施工时，基坑坡区需采取防水措施，避免坡区渗流滑坡风险。

3. 安全警示

挡水墙面、防护栏框架涂刷黄黑相间警示色；防护栏钢丝网片为黄色。基坑周边设置夜间警示灯，护栏外侧悬挂提示牌，安全警示设置实例如图 3-9 所示。

图 3-8　挡水墙设置实例

图 3-9　盾构始发井口与车站基坑临边安全警示设置实例

4. 防护栏

采用方钢管钢丝网栏片（建议尺寸：方钢管规格 40mm×40mm×2.5 mm，网片钢丝 ϕ6，网片网格大小 5 cm），承插方式安装在挡水墙上，栏片之间采用螺栓连接。栏片长度基本保持一致，以人工方便安拆为准；高度以保证防护高度（栏片和挡水墙总高度）不低于 120 cm 为准。防护栏杆能经受 1000 N 外力冲击。防护栏实例见图 3-10、图 3-11。

图 3-10 工具式可移动护栏实例

图 3-11 钢格栅网片防护实例

3.4.2 地连墙槽口防护

地连墙槽口两侧采用可移动式栏杆进行隔离防护，槽口采用钢板或钢格栅网片覆盖或者回填。

3.4.3 车站基坑混凝土支撑梁通道及冠梁防护

作为通道使用的人行通道、混凝土支撑梁、冠梁内侧临边均设置临边防护，水位观测及监控量测作业区域应设置平台或防护。支撑立柱牢固可靠，立面采用定制化的钢丝网防护栏片。防护高度不低于 120 cm。底部设置不低于 18 cm 高踢脚板。混凝土冠梁内侧与混凝土支撑梁通道防护实例见图 3-12。

图 3-12　混凝土冠梁内侧与混凝土支撑梁通道防护实例

3.4.4　站台板临边防护

1. 采用分片装配式方钢管防护栏片，钢丝网全封闭。
2. 防护栏杆每隔 10～15 m 设置斜撑或连墙固定措施。
3. 防护高度 1.8 m，底部设 20 cm 高挡脚板。
4. 在车站、高架、盾构、电机车等站台板设置临边防护，实例见图 3-13～图 3-16。

图 3-13　地下车站站台板轨行区临边防护实例　　图 3-14　电机车隔离防护实例

图 3-15　盾构施工临边隔离防护实例　　图 3-16　高架车站站台板外侧临边防护实例

3.4.5 高架临边防护

所有防护栏杆刷间距 15 cm 黄黑相间警示漆，栏杆立面采用密目网防护，钢管使用扣件连接，高架临边防护效果图及实例见图 3-17、图 3-18。

图 3-17 高架临边防护效果图

图 3-18 高架临边防护实例

3.5 上下通道

3.5.1 楼梯

1. 未使用的楼梯在楼梯口部位采取封闭措施，已使用的楼梯必须安装防护栏。
2. 防护栏杆高度为 120 cm，下杆离地高度为 60 cm，侧面加设钢丝防护网，底部设高度不小于 18 cm 的挡脚板。
3. 栏杆涂刷安全警示色，悬挂安全警示标志。
4. 楼梯防护（车站）实例如图 3-19 所示。

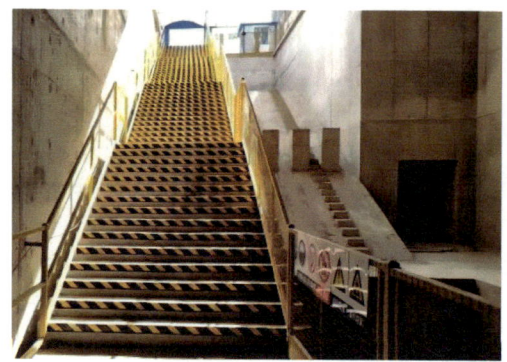

图 3-19　车站结构上下楼梯防护实例

3.5.2　下井钢梯

1. 下井钢梯必须进行专项结构设计，并经验算合格。
2. 钢梯宽度不小于 90 cm；台阶宽度不小于 25 cm，高度不得大于 20 cm。
3. 踏步采用防滑钢板。
4. 踏步底部应全封闭，顶部宜设置防雨遮盖，下井钢梯、通道实例见图 3-20。
5. 安装完成后经过验收合格方可投入使用，并在入口醒目位置挂验收合格牌。

图 3-20　下井钢梯、通道实例

3.5.3　梯笼

1. 车站基坑上下通道必须采用定制梯笼。高架桥上下通道宜采用定制梯笼，也可采用钢管脚手架或盘扣式脚手架搭设。
2. 梯笼应当采用标准化构件，颜色一般为红色、蓝色、黄色。

图 3-21 车站深基坑与定制化梯笼实例

3. 深基坑上下梯笼设置不得少于两处。

4. 车站深基坑与定制化梯笼实例如图 3-21 所示。

3.5.4 应急逃生通道

地下主体车站基坑开挖施工期间，应配置刚性或柔性应急逃生通道，实例如图 3-22 所示。

图 3-22 刚性应急逃生通道

3.6 作业平台

3.6.1 移动式操作平台

1. 平台面积不超过 10 m²，荷载不宜超过 1.5 kN/m²。脚手板厚不小于 50 mm。

2. 底部轮子与平台连接必须牢固可靠，行走脚轮和导向脚轮配有制动器或刹车闸等使脚轮切实固定的措施。平台脚轮的制动器除在移动情况外，均应保持制动状态。支腿底部宜增设斜撑提高平台稳定性。

3. 不得在倾斜或移动状态时上下人，不得载人移动，不得超载使用。

4. 实行专项结构设计、监理验收、报监理申请编号及使用挂牌管理。

5. 不同类型移动式操作平台实例如图3-23、图3-24所示。

图3-23 绝缘梯车实例

图3-24 移动扣件式钢管脚手架平台实例

3.6.2 接触网梯车作业平台

1. 技术参数：①轨距：1435mm，②轮距：1700mm，③承重能力：大于200kg，④高度：根据地铁实际情况定制，⑤工作台尺寸：800mm×800mm，⑥防轨间短路方式：尼龙车轮。梯身及底架均可快速拆解，便于搬迁。带有防制动器，既防倾倒，又便于在斜道上作业。工作台可以调节高度，调节范围500mm 工作台钢管式护栏可以拆卸，便于运输。梯车高度可根据情况自行确定。

2. 作业平台层必须设置封闭连续的防护栏杆，底部设置不低于180 mm挡脚板。防护栏杆上横杆高度不低于1100 mm，中横杆不高于600 mm。

3. 扶梯人员不少于3人，平台作业人员不多于2人。

4. 适用于供电标段、盾构标段后期。

3.6.3 单轨梯车作业平台

1. 单轨梯车作业平台采用倾斜式作业架作为其基本构件。
2. 正上方设有 2 个带有刹车装置的尼龙轨道轮，侧边设有 2 个防倾覆、掉道的轴承轮，与尼龙轮构成 90°夹角。
3. 整体移动式平台向侧壁倾斜 15°~25°，保证重心在钢轨和侧壁之间，避免向轨道侧翻倒。

3.7 挂篮防护

3.7.1 挂篮施工安全防护

1. 挂篮安全防护宜在挂篮设计阶段同时设计。安装完成后必须经过验收合格方可使用。
2. 外模板操作平台下设安全网，平台四周设防护栏，上下模板之间架设钢爬梯。
3. 定期检查后锚、保险绳等，底模标高调整设专人指挥。
4. 混凝土浇筑前对挂篮锚固、吊带等进行全面检查。
5. 挂篮对称、同步向两端推进，后设保险措施防止行走时挂篮倾覆。
6. 挂篮施工安全防护实例如图 3-25 所示。

图 3-25 挂篮施工安全防护实例

3.7.2 声屏障施工安全防护

1. 纵向通长方向采用直径不低于 12 mm 的镀锌钢丝绳作为保险绳。保险绳固定于声屏障弧形梁上，每 12m 设置一个牢固支点，横向不少于 3 根，实例如图 3-26 所示。

2. 安装声屏障 PC 板，作业人员应在梯车平台上操作，作业实例如图 3-27 所示。

图 3-26　保险绳设置实例　　　　图 3-27　采用梯车作业实例

3.8　封闭围挡

3.8.1　轻型钢结构立柱 + 彩钢板围挡

1. 围挡立柱采用 25 cm×15 cm 的长方形镀锌钢柱，壁厚 3 mm，高度 2 m，扩大底座与混凝土基础安装面，加大钢柱强度，外表镀锌不易腐蚀。外侧涂刷 10 cm 间隔宽度的黑黄警示漆。如遇场地或道路不平整，可适当微调基础高度找平。

2. 围挡板采用 3 m×2 m，厚度 5 cm 的夹芯彩钢板，立柱间隔为 3 m，绿植与围挡板采用工厂预制，成品运输至工地现场，围挡整体示意如图 3-28 所示。

3. 彩钢板采用承插式固定方式，实例如图 3-29 所示。

4. 围挡如遇路口转角，须按交警部门要求设置通透式围挡，保持路口通视。

图 3-28　围挡示意图　　　　　　　　图 3-29　围挡承插式固定实例

3.8.2　照明系统

1. 采用正方形仿古节能灯，安装、更换简便，牢固环保，实例如图 3-30 所示。

2. 增设压顶梁，采用 5 cm×5 cm 正方形镀锌钢管，两侧开槽，将 LED 灯带和喷淋系统分两侧嵌入，保持整体效果，灯带照明保持夜间常亮，实例如图 3-31 所示。

图 3-30　仿古节能灯实例　　　　　　图 3-31　夜间照明实例

3.8.3　围挡喷淋系统

围挡应设置自动喷淋系统，喷头间距 1.5～2 m，实例如图 3-32 所示。

图 3-32 自动喷淋系统实例

3.8.4 附属施工封闭

附属出入口施工期间，与车站主体结构间应实现全断面封闭隔离，减少出入口施工期间产生的烟尘、雨水、泥水、建筑垃圾等对车站主体的影响和干扰。具体要求如下：

1. 隔离应在出入口（包括围护结构渗水）可能对车站主体造成影响之前实施；
2. 隔离采用彩钢板全断面封闭，支撑结构根据具体情况进行专门设计；
3. 设置截水沟，防止出入口施工期间雨水及施工用水流入站内。

3.8.5 临时围挡

工期少于两个月的小型项目可设置临时围挡，同时可不设置广告（如遇重大活动、检查期间除外），但须悬挂临时围挡告示牌。临时围挡设置实例如图 3-33 所示。

图 3-33 临时围挡设置实例

3.9 脚手架

3.9.1 承插型盘扣式钢管脚手架

在建筑施工中,需要使用脚手架完成高层施工的材料运输,脚手架具有多种形式,承插型盘扣式钢管脚手架具有更加安全、稳定的特点,由于原有施工中脚手架的形式不能满足当前建筑行业快速发展的需求,所以在施工中使用新形式的脚手架更利于提高施工质量,加快施工进度。承插型盘扣式钢管脚手架实例如图 3-34 所示。

3.9.2 盘扣式构配件管理与检测

1. 采购构配件应与生产厂家或租赁企业签订质量保证协议。

2. 生产厂家或租赁企业需提供盘扣构配件的产品合格证、主要技术参数、产品使用说明书、产品的型式检验报告或质量检测报告(检测项目包含但不限于原材料性能、外观和工艺、尺寸偏差、构件强度、连接盘承载力)。

3. 立杆、水平杆等主要构配件上应有清晰的钢印标识(包含但不限于生产厂家、产品型号、用钢规格信息)。

4. 严格对盘扣构配件外观质量、外径尺寸、壁厚及主要构配件表面的产品标识等进行检查,确保盘扣构配件质量并留存相关台账。

5. 检测机构出具的盘扣构配件质量检测报告需载明检测依据和检测结论,并注明盘扣构配件的来源信息(生产厂家、租赁企业等)。

6. 每个检验批连接盘及内侧环焊缝强度、可调托撑和底座抗压强度检测抽取数量各 8 件,水平杆、斜杆尺寸偏差,以及立杆尺寸偏差、力学性能检测各抽取 3 件。

7. 可管理研发不同工艺需求作业平台,如改进侧墙基面处理、防水卷材铺设、钢筋绑扎等工序施工作业平台。

3.9.3 脚手架临边防护与通道

1. 架体外侧设置密目式安全网封闭,网间连接严密,作业层的脚手架架体外侧应设挡脚板、防护栏杆。

2. 作业层防护栏杆设置应符合要求，上栏杆设置于离作业层高度 1000mm 处，防护中栏杆设置于离作业层高度 500mm 处。

3. 作业层外侧设置高度不低于 180mm 的挡脚板。每隔两层且高度不超过 10m 设水平防护，作业层脚手板下采用安全平网兜底。

4. 架体设置人员上下专用通道，按照规范和方案要求使用定型化钢架扶梯，设置脚手板及扶手杆，承插型盘扣式钢管脚手架及临边防护实例如图 3-34、图 3-35 所示。

图 3-34　承插型盘扣式钢管脚手架实例

图 3-35　脚手架临边防护实例

第 4 章 消防安全

4.1 一般规定

1. 落实建筑施工现场消防安全管理制度,提高作业过程安全系数,全方位加强现场用火管理,确保建筑施工现场消防安全。

2. 生产资料的存放和区位要符合现场防火、灭火、人员疏散等消防要求,并设有相应的灭火设施。定期检查设施,并保证设施有充足的储备水源。

3. 工地应保留消防车道和通道,并确保通道通畅。车道不能被起重机等交通工具向右或向左挡住,而通道不应被材料或设备等阻拦。

4. 确保场内全部站点都设有灭火器材,并周期性地进行消防器材的检查、保养和提示使用。在采购灭火器材时,应首选具有正规生产资质的消防器材生产厂家的产品。

5. 要确保场面干净、有序,无杂物或垃圾,防止火种的显现,并确保场地安全疏散。该条规定尤其适用于各类易燃材料、液体、气体等物品的堆放与储存。

6. 电气焊作业时必须将附近的易燃物清理干净,做好防护后进行作业,垂直作业时用石棉瓦、铁板等不燃物遮挡,防止焊接火花飞溅,作业结束后应认真检查作业现场,确保安全后方可离开。

7. 应合理布置电线、插座和用电设备,防止短路和相间,做好用电安全管理,并确保相应的操作和保养设施。

8. 要定期举办防火消防培训,使各个岗位的人员都对消防安全措施有所了解,能正确使用消防器材,并具备各种逃生自救的技能。

9. 为提高实际应对火灾隐患的本领,应当定期组织消防演习,并包含演习计划和紧急预案等,确立火灾的处理应对措施,提高关键节点的应对本领。

10. 在火灾爆发时依据紧急预案执行措施,及时报警,同时启动消防器材进行灭火扑救。在疏散人员的过程中,员工要依照计划指示次序有序疏散,切记不要拥挤慌乱。

4.2 防火管理

1. 施工现场的消防安全管理应根据建设项目规模和现场消防管理重点，建立相应的消防安全管理组织机构，包括义务消防组织和消防展示柜的陈列，相关实例如图 4-1 所示。必须指定消防安全负责人和管理人，并确保相关人员履行消防安全管理责任。根据工程特点、规模和当地消防主管部门的要求，制定消防方案和消防平面布置图等内容。

2. 针对施工现场可能导致火灾发生的施工作业及其他活动，制定相应的消防安全管理制度，执行防火措施，实例如图 4-2 所示。消防安全管理制度应包括下列主要内容：

图 4-1 消防展示柜实例

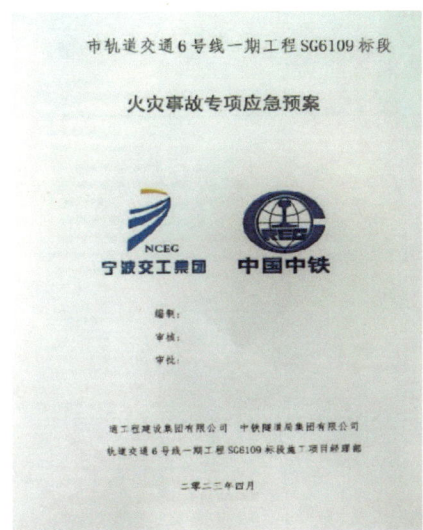 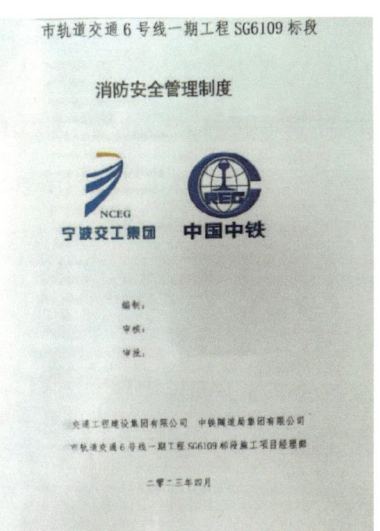

图 4-2 防火管理落实实例

（1）消防安全教育与培训制度；

（2）可燃及易燃易爆危险品管理制度；

（3）用火、用电、用气管理制度；

（4）消防安全检查制度；

（5）应急预案演练制度。

3. 施工作业前，管理人员应向作业人员进行消防安全技术交底。消防安全技术交底应包括下列主要内容：

（1）施工过程中可能发生火灾的部位或环节；

（2）施工过程应采取的防火措施及应配备的临时消防设施；

（3）初起火灾的扑救方法及注意事项；

（4）逃生方法及路线。

4. 施工过程中，消防安全负责人应定期组织消防安全管理人员对施工现场的消防安全进行检查。消防安全检查应包括下列主要内容：

（1）可燃物及易燃易爆危险品的管理是否落实；

（2）动火作业的防火措施是否落实；

（3）用火、用电、用气是否存在违章操作，电气焊及保温防水施工是否执行操作规程；

（4）临时消防设施是否完好有效；

（5）临时消防车道及临时疏散设施是否畅通。

5. 应编制施工现场灭火及应急疏散预案。灭火及应急疏散预案应包括下列主要内容：

（1）应急灭火处置机构及各级人员应急处置职责；

（2）报警、接警处置的程序和通信联络的方式；

（3）扑救初起火灾的程序和措施；

（4）应急疏散及救援的程序和措施。依据灭火及应急疏散预案，定期开展灭火及应急疏散的演练，确保现场人员会正确使用灭火器。消防培训及演练实例见图4-3。

图4-3　组织消防培训及演练实例

4.3 消防布置

1. 临时用房、临时设施的布置应满足现场防火、灭火及人员安全疏散的要求，生活区消防平面布置实例见图 4-4。

2. 施工现场出入口的设置应满足消防车通行的要求，并宜布置在不同方向，数量不宜少于 2 个。当确有困难只能设置 1 个出入口时，应在施工现场内设置满足消防车通行要求的环形道路；施工现场临时办公、生活、生产、物料存贮等功能区宜相对独立布置，防火间距应符合要求。施工现场消防平面布置实例见图 4-5。

3. 易燃易爆危险品库房应远离明火作业区、人员密集区和建筑物相对集中区。

4. 固定动火作业场所应布置在可燃材料堆场及其加工场、易燃易爆危险品库房等全年最小频率风向的上风侧；宜布置在临时办公用房、宿舍、可燃材料库房、在建工程等全年最小频率风向的上风侧。

5. 可燃材料堆场及其加工场、易燃易爆危险品库房不应布置在架空电力线下。

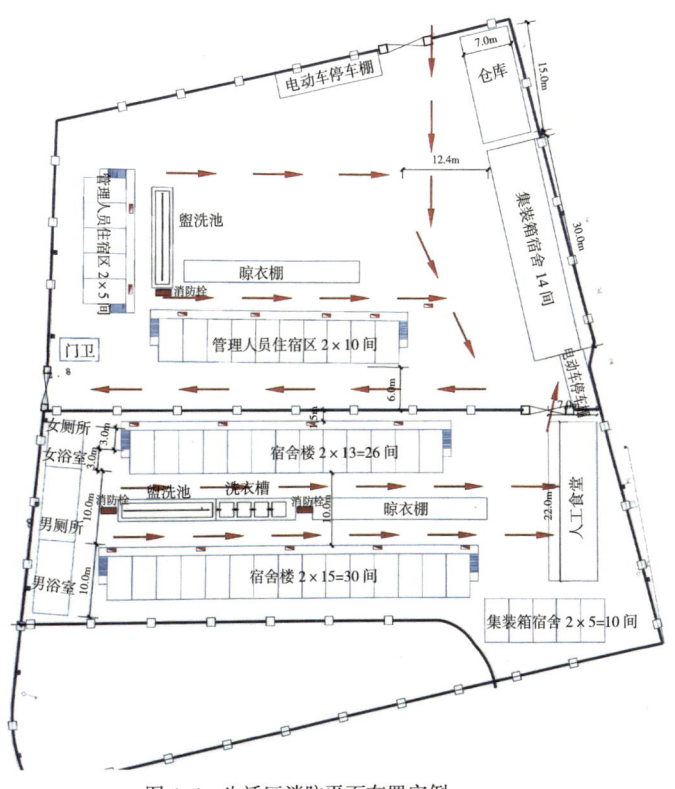

图 4-4　生活区消防平面布置实例

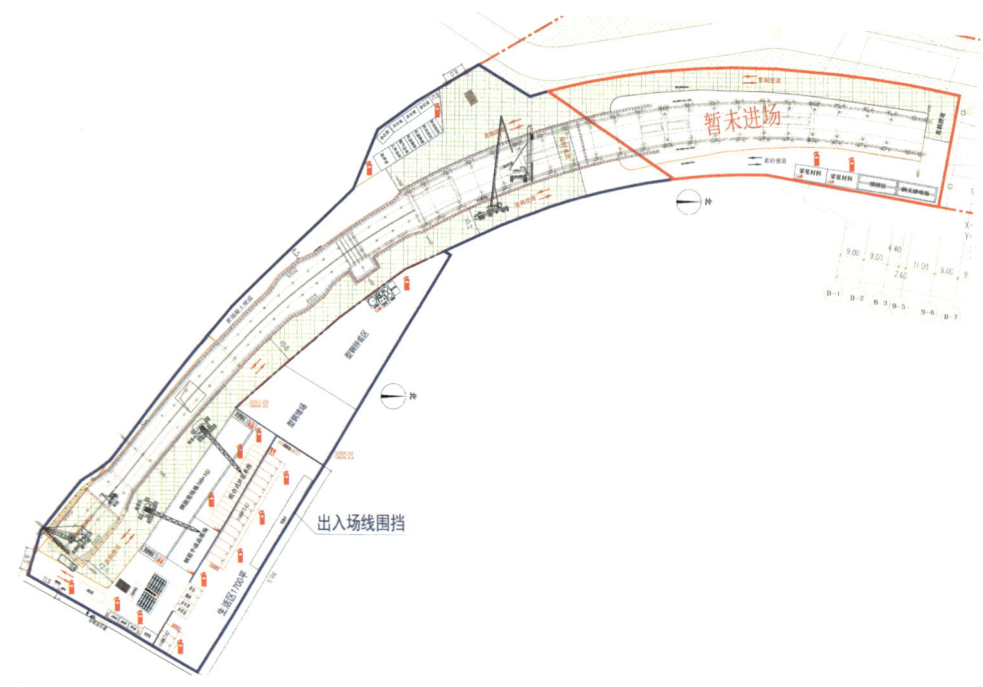

图 4-5　施工现场消防平面布置实例

4.4　防火间距

1. 易燃易爆危险品库房与在建工程的防火间距不应小于 15 m，可燃材料堆场及其加工场、固定动火作业场与在建工程的防火间距不应小于 10 m，其他临时用房、临时设施与在建工程的防火间距不应小于 6 m。

2. 施工现场主要临时用房、临时设施的防火间距不应小于表 4-1 的规定，当办公用房、宿舍成组布置时，其防火间距可适当减小，但应符合以下要求：

（1）每组临时用房的栋数不应超过 10 栋，组与组之间防火间距不应小于 8 m；

（2）组内临时用房之间的防火间距不应小于 3.5 m；当建筑构件燃烧性能等级为 A 级时，其防火间距可减少到 3 m。

施工现场主要临时用房、临时设施的防火间距（m）　　表 4-1

间距 \ 类别	办公用房、宿舍	发电机房、变配电房	可燃材料库房	厨房操作间、锅炉房	可燃材料堆场及其加工厂	固定动火作业场	易燃易爆危险品库房
办公用房、宿舍	4	4	5	5	7	7	10

续表

间距 类别 \ 类别	办公用房、宿舍	发电机房、变配电房	可燃材料库房	厨房操作间、锅炉房	可燃材料堆场及其加工厂	固定动火作业场	易燃易爆危险品库房
发电机房、变配电房	4	4	5	5	7	7	10
可燃材料库房	5	5	5	5	7	7	10
厨房操作间、锅炉房	5	5	5	5	7	7	10
可燃材料堆场及其加工厂	7	7	7	7	7	10	10
固定动火作业场	7	7	7	7	10	10	12
易燃易爆危险品库房	10	10	10	10	10	12	12

3. 架空电力线路与甲类库房、易燃易爆材料堆场以及可燃或易燃、易爆液（气）体储罐的防火间距，应符合国家有关法律法规和现行国家标准《建筑设计防火规范》（2018年版）GB 50016-2014的有关规定。

4.5 在建工程防火

1. 根据施工现场的易燃可燃材料堆场、仓库、生活区和施工区，明确划分动火作业区域、动火危险区域、危险环境区域和一般施工区域。动火作业区域的划分应由项目技术负责人审核，经监理批准后执行。

2. 执行电气焊作业的人员必须通过相关部门的合格考核，并获得特种作业人员操作资格证书方可上岗。氧气瓶和乙炔瓶的工作间距不得小于5m，气瓶与明火作业的距离应不小于10m。

3. 各级动火申请应按规定办理审批手续。未确定安全技术方案或安全措施、监护人员，以及未配备充足灭火器材的情况不得批准和实施。

4. 作业场所应设置明显的疏散指示标志，其指示方向应指向最近的临时疏散通道入口。易燃可燃材料堆场、仓库、生活区、施工区等重点防火部位或区域应设置明显的防火警示标志，设置实例如图4-6所示。

5. 防水涂料、涂料稀释剂、用作防水卷材烘烤的液化气、酒精等易燃、易爆材料储存、运输、施工过程应做好防爆、防火管理。

图 4-6 防火警示标志设置实例

4.6 临时用房防火

1. 宿舍、办公用房的防火设计应符合建筑构件的燃烧性能等级为 A 级的要求，当采用金属夹芯板材时，其芯材的燃烧性能等级应为 A 级。

2. 办公区、生活区应分开单独布置，并设围挡及大门封闭管理。临时生活设施不得搭设在高压架空电线下方，与高压架空电线的水平距离不应小于 6 m。

3. 临时设施区域内应按规定设置消防器材，消防器材应由专人负责维修保养；锅炉房、食堂等重点防火区域应单独设置灭火器材。

4. 宿舍、办公用房内电线应由专业电工安装，禁止他人乱接乱拉电源；宿舍地面地坪宜采用水泥砂浆、细石混凝土或地砖，禁止采用木结构或易燃材料。

5. 宿舍内严禁使用煤气灶、煤油炉、电饭锅、电炒锅、热得快、电炉、电热毯等大功率器具且禁止使用明火。

6. 临时设施区域内应按规定设有消防通道，消防通道宽度不得小于 4 m，并保持通道畅通不得占用堵塞，临时用房的醒目位置应设置安全疏散示意图。

4.7 危化品管理

1. 在具有火灾、爆炸危险的场所，禁止吸烟和使用明火。特殊情况下需要进行明火作业的，必须提前申请审批并采取相应消防安全措施；作业人员应当遵守消防安全规定。

2. 在建工程中使用的保温、防水、装饰以及防腐等材料的燃烧性能等级必须符合设计要求。

3. 严禁在办公、生活区内设置存放油漆、松香水等易燃易爆品的库房。

4. 可燃材料和易燃易爆危险品的进场需按计划限量，存放于库房时应使用不燃或难燃材料进行覆盖。易燃易爆危险品应分类专库储存，库房内通风良好，并设置严禁明火标志。

5. 在室内使用油漆、有机溶剂、乙二胺、冷底子油或其他可燃、易燃易爆危险品时，必须保持良好通风，严禁明火，并需避免产生静电。

6. 可燃材料库房不应使用高热灯具，易燃易爆危险品库房内应使用防爆灯具。

7. 施工产生的可燃、易燃建筑垃圾或余料，应及时清理。

8. 施工现场常用瓶装氧气、乙炔、液化气等，贮装、运输、存储、使用应符合规范要求。乙炔瓶禁止横躺卧放，氧气瓶内剩余压力不应小于 0.1 MPa。

4.8 临时消防设施

1. 施工现场应设置灭火器、临时消防给水系统和临时消防应急照明等临时消防设施。

2. 明确常见灭火器的分类与适用范围，火灾分类如表 4-2 所示。常用灭火器类型如下：

（1）泡沫灭火器：产生二氧化碳泡沫，可扑灭 A、B 类火灾；

（2）干粉灭火器：充装干粉灭火剂，可扑灭 A、B、C、E 类火灾；

（3）二氧化碳灭火器：充装液体二氧化碳，可扑灭 B、C、E 类火灾；

（4）清水灭火器：装有清水，可扑灭 A 类火灾；

（5）洁净气体灭火器：充装惰性气体，可扑灭 A、B、C、E 类火灾。

火灾分类　　　　　　　　　　　　　　　　　表 4-2

火灾类别	定义
A 类火灾	固体物质火灾。物质通常具备有机物性质、在燃烧时一般能产生灼热余烬。如由木、棉、毛、麻、纸张等产生的火灾
B 类火灾	液体或可熔化固体物质火灾。如由汽油、煤油、原油、甲醇、乙醇、沥青、石蜡等产生的火灾
C 类火灾	气体火灾。如由煤气、天然气、甲烷、乙烷、氢气等产生的火灾
D 类火灾	金属火灾。如由钾、钠、镁、钛、锆、锂等产生的火灾
E 类火灾	带电火灾。物体带电燃烧的火灾。如由变压器等设备产生的电气火灾
F 类火灾	烹饪器具内的烹饪物（如动植物油脂）等产生的火灾

3. 在建工程及临时用房的下列场所应配置灭火器，配置实例如图 4-7 所示。

（1）易燃易爆危险品存放及使用场所；

（2）动火作业场所；

（3）可燃材料存放、加工及使用场所；

（4）厨房操作间、锅炉房、发电机房、变配电房、设备用房、办公用房、宿舍等临时用房；

（5）其他具有火灾危险的场所。

4. 施工现场灭火器配置应符合下列规定：

（1）灭火器的类型应与配备场所可能发生的火灾类型相匹配；

图 4-7　各用房单独设置灭火器材实例

（2）灭火器的最低配置标准应符合表4-3的规定。

灭火器最低配置标准　　　　　表4-3

项目	固体物质火灾		液体或可熔化固体物质火灾、气体火灾	
	单具灭火器最小灭火级别	单位灭火级别最大保护面积 m²/A	单具灭火器最小灭火级别	单位灭火级别最大保护面积 m²/B
易燃易爆危险品存放及使用场所	3A	50	89B	0.5
固定动火作业场	3A	50	89B	0.5
临时动火作业点	2A	50	55B	0.5
可燃材料存放、加工及使用场所	2A	75	55B	1.0
厨房操作间、锅炉房	2A	75	55B	1.0
自备发电机房	2A	75	55B	1.0
变、配电房	2A	75	55B	1.0
办公室房、宿舍	1A	100	—	—

5. 灭火器的配置数量应按照《建筑灭火器配置设计规范》GB 50140-2005 经计算确定，且每个场所的灭火器数量不应少于2具。

6. 灭火器的最大保护距离应符合表4-4的规定。

灭火器的最大保护距离（m）　　　　　表4-4

灭火器配置场所	固体物质火灾	液体或可熔化固体物质火灾、气体火灾
易燃易爆危险品存放及场所	15	9
固定动火作业场	15	9
临时动火作业点	10	6
可燃材料存放、加工及使用场所	20	12
厨房操作间、锅炉房	20	12
发电机房、变配电房	20	12

7. 新式悬挂式干粉灭火装置设置，以超细干粉作为灭火剂，装置实例如图4-8所示。适用于全淹没应用灭火与局部应用灭火，功能优势如下：

（1）自动探知火情，自动实施灭火；

（2）占地面积小，无需复杂电控设备及管线，系统施工简单、可靠性高；

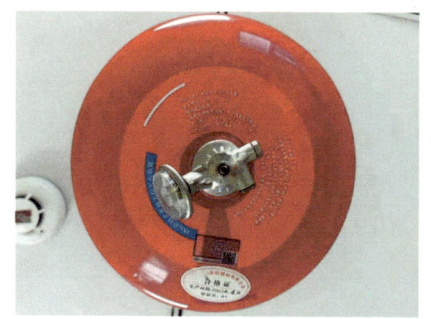 

图 4-8　悬挂式干粉灭火装置设置实例

（3）可应用于电缆隧道、电缆夹层等狭小区域，同时适用于长度较长、高度较高，支架密布，条件复杂区域。

8. 施工现场应设置临时室外消防给水系统，并符合下列要求：

（1）给水管网宜布置成环状；

（2）临时室外消防给水干管的管径应依据施工现场临时消防用水量和干管内水流速度经计算确定，且不应小于 DN100；

（3）室外消火栓应沿在建工程、临时用房及可燃材料堆场及其加工场均匀布置，距在建工程、临时用房及可燃材料堆场及其加工场的外边线不应小于 5 m；

（4）消火栓的间距不应大于 120 m；

（5）消火栓的最大保护半径不应大于 150 m。

9. 当外部消防水源不能满足施工现场的临时消防用水量要求时，应在施工现场设置临时贮水池。临时贮水池宜设置在便于消防车取水的部位，其有效容积不应小于施工现场火灾延续时间内一次灭火的全部消防用水量。

10. 消防设施投入使用前组织进行验收并建立现场消防安全管理档案。

第 5 章 管线保护

5.1 一般规定

1. 落实多层次管理制度,通过规划设计、现场调查、过程控制等各阶段规避风险,强化沟通,执行防护措施。

2. 应书面记录管线交底,明确各方责任,由建设单位、管线权属单位或管理单位、监理单位、施工单位四方签字确认,并附上管线书面资料。

3. 施工单位根据管线资料和现场探勘结果,在施工组织设计方案中明确管线保护措施及相应应急预案,报监理审批后执行。

4. 施工单位应对施工影响范围内的重要管线采取专项防护措施,符合规范要求,报权属单位或管理单位认可,签署管线保护协议。

5. 针对电力、燃气等风险较大的管线,作业单位需制定管线迁改专项施工方案,产权单位批准后方可实施;作业中需由产权单位监护人现场监护方可操作。

6. 施工单位应在现场标识地下管线安全保护范围并竖立警示标志。在管线安全保护范围内施工前应核查开工条件。

7. 施工单位实行"三不施工"原则,即不了解地下管线位置不施工,影响地下设施运转不施工,未采取有效保护措施不施工。

8. 禁止在既有电杆、电线等设施上搭挂临时线。

9. 在管线周边进行施工时,应保证最小安全距离,重要管线的施工安全距离见表5-1。

重要管线施工安全距离表　　　　　表 5-1

管线类型	施工安全距离	备注
危险化学品管道及其附属设施	5m	施工
架空输电导线（500kV）	水平 8.5m；垂直 8.5m	起重机械
架空输电导线（330kV）	水平 7m；垂直 7m	起重机械
架空输电导线（110～220kV）	水平 6m；垂直 6m	起重机械
架空输电导线（35～110kV，不含 110kV）	水平 4m；垂直 5m	起重机械
架空输电导线（10～35kV，不含 35kV）	水平 3m；垂直 4m	起重机械
架空输电导线（1～10kV，不含 10kV）	水平 2m；垂直 3m	起重机械
架空输电导线（＜1kV）	水平 1.5m；垂直 1.5m	起重机械
外电线路（330～500kV）	15m	在建工程（含脚手架）周边
外电线路（220kV）	10m	在建工程（含脚手架）周边
外电线路（35～110kV）	8m	在建工程（含脚手架）周边
外电线路（1～10kV）	6m	在建工程（含脚手架）周边
外电线路（＜1kV）	4m	在建工程（含脚手架）周边
外电线路（500kV）	6m	防护设施
外电线路（330kV）	5m	防护设施
外电线路（220kV）	4m	防护设施
外电线路（110kV）	2.5m	防护设施
外电线路（35kV）	2m	防护设施
外电线路（＜10kV）	1.7m	防护设施
外电线路（35kV）	垂直 7m	施工现场机动车道
外电线路（1～10kV）	垂直 7m	施工现场机动车道
外电线路（＜1kV）	垂直 6m	施工现场机动车道
施工现场开挖沟槽边缘与外电埋地电缆沟槽边缘	0.5m	施工
高压燃气管道（＜0.8MPa）	4m	施工
高压燃气管道（≥0.8MPa）	6m	施工

10. 施工中如遇不明管线，应立即报告监理、产权单位或管理单位现场确认，采取相应处置措施。在不能确定地下管线准确位置的情况下，施工单位应开挖探槽，探槽深度和宽度以能探明施工影响范围内的现有管线为标准。探槽应采用人工方式开挖，并采取相应安全防护措施。

11. 施工作业中损坏管线时，应立即停止施工，启动应急预案。

5.2 保护对象

5.2.1 管线类别

轨道交通建设涉及的管线包括燃气、电力、输油、军用光缆、铁路光缆、供水、雨水、污水、照明、通信信息、广播电视、公安交通等城市基础设施管线。

5.2.2 保护红线

1. 一级保护红线

（1）10kV 及以上架空电力线路、电力电缆保护区范围；

（2）直径 1.2m 及以上自来水、工业给水管，燃气、石油管道及拖拉管线路中心线两侧各 5m 地域范围；

（3）军用及铁路光缆两侧 3m 地域范围。

2. 二级保护红线

一级保护红线外的其他管线保护区或规定的保护范围。

5.3 程序要求

5.3.1 管线保护全过程管理程序

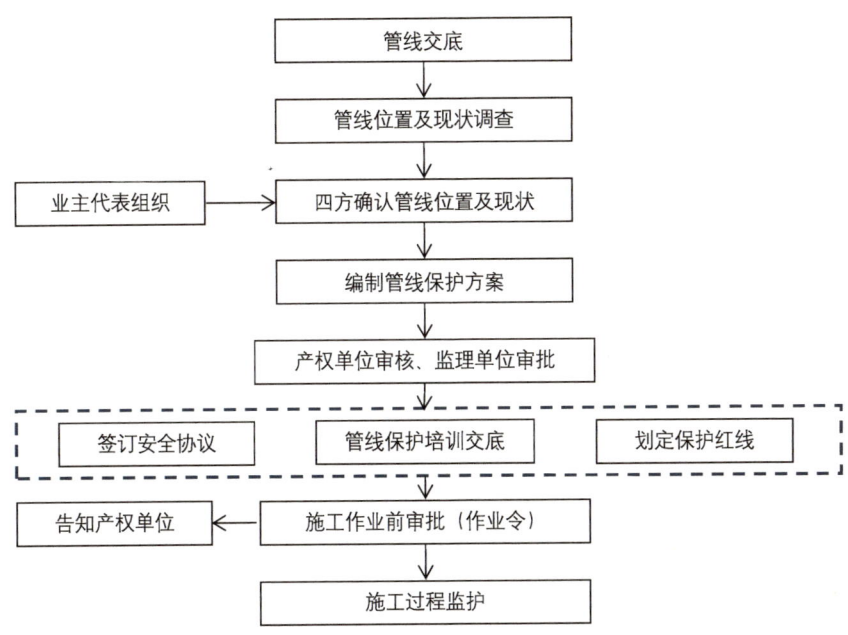

5.3.2 管理要点

1. 管线交底

管线交底流程按照《城市轨道交通土建工程各阶段管线交底流程及操作规范》执行,具体分为六个阶段:

(1)施工图设计阶段,由设计技术部组织,总体院或管线测绘单位向设计单位进行交底,形成管线调查成果设计交底会签确认(表格详见本章末附件5-1);

(2)土建施工单位进场后,由现场管理部门组织,土建设计单位向施工、监理单位进行交底;

(3)管线迁改施工单位进场后,由现场管理部门组织,管线迁改设计单位向土建施工、监理单位及管线迁改施工、监理单位进行交底;

（4）各专业管线改迁进场施工前，由工程保障部组织，管线迁改设计单位向土建施工、监理单位及管线迁改施工、监理单位进行交底；

（5）各专业管线改迁完成后，由现场管理部门组织，管线施工单位向土建施工、监理单位进行交底；

（6）发现不明管线，由现场管理部门组织，管线迁改设计单位向管线施工、土建施工及相关监理单位进行交底；

（7）第二至第六阶段必须填写"_____阶段管线交底记录表"存档（表格详见本章末附件5-2）。

2. 调查复核管线位置及现状调查

（1）施工单位对管线普查图纸，迁改后的竣工图纸、交底记录及产权单位管线档案资料（包含盾构沿线、改迁管线、车站及桥梁周边范围）进行详细核对验证，避免遗漏管线。

（2）建立管线信息档案，信息应包含管线名称、规格（管径、压力）、材质、接头形式，线路走向、埋深、检查井（阀门）位置、建设年代、改造经历、使用情况、外观现状等，档案宜采用现场照片（视频）与文字描述相结合，监理单位应参与管线调查工作。

（3）施工单位对将施工的建、构筑物进行放样，核对管线与建、构筑物关系，放样实例如图5-1所示；核对时，应考虑管线安全范围及施工影响范围。

（4）施工单位应与管线产权单位对接，在管线产权单位的指导和监护下，对施工范围进行管线人工探挖，实例如图5-2所示。

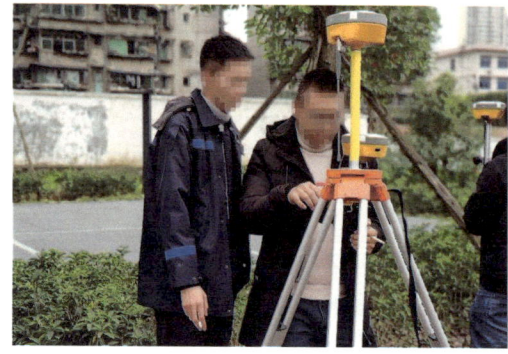

图5-1　现场测量放样实例

图5-2　管线人工探挖实例

（5）放样及探挖结果应形成管线调查报告或记录，报监理单位审批；监理单位应组织施工联合定期巡查。

（6）发现不明管线或土建施工可能影响管线安全时，应当及时以书面形式向业主单位反馈。

（7）土建施工单位应在施工现场明显位置设置当前阶段管线平面布置图标牌。管线平面布置实例如图 5-3 所示。

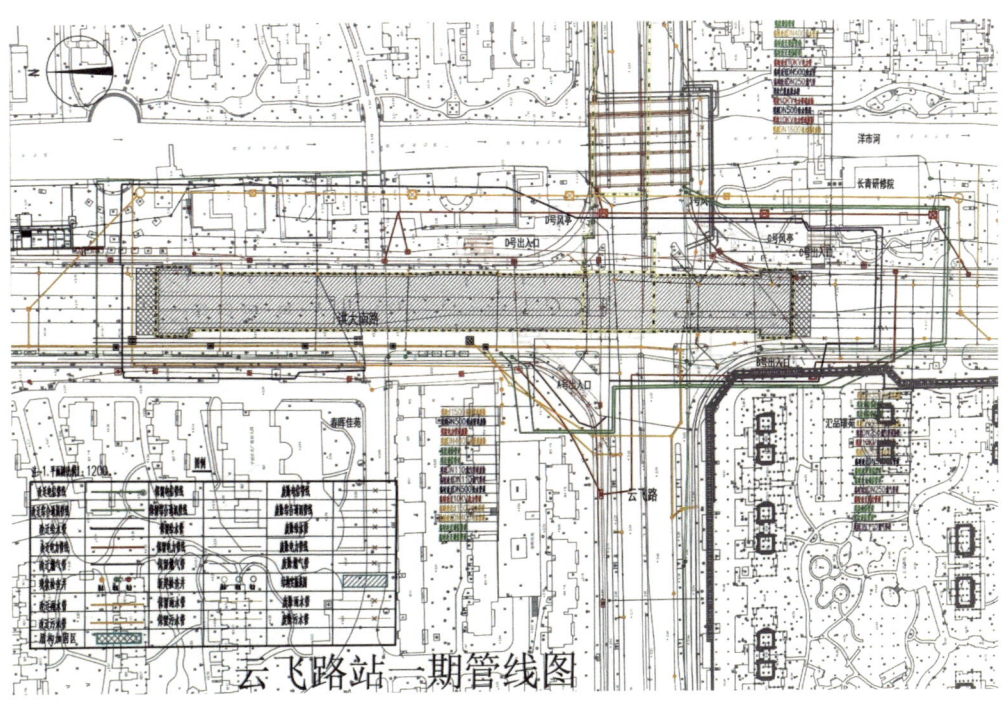

图 5-3　管线平面布置图实例

3. 管线迁改跟踪

（1）施工单位详细了解管线施工单位管线施工具体位置，埋设直埋点，管线工程师对管线位置详细记录，并根据现场实际情况设置监测点位。

（2）管线迁改配合施工单位应及时通知跟踪测绘对改迁管道进行跟踪测绘。

（3）管线迁改配合施工单位应将管线跟踪测绘数据及时转发参建各方，并履行书面交接签字程序。参建各方应进行数据备档，作为基坑开挖、盾构施工条件，持续重点监测。

（4）管线迁改做好信息台账，台账实例如表 5-2 所示。

大剧院站管线迁改信息台账　　表 5-2

序号	项目名称	相对位置	规格型号	总量	土建施工时间	管线割接时间	完成状态
1	雨水管	车站西侧、北侧、南侧	DN1000、DN800、DN400	183m	2022.6.27~2022.9.18	暂未正式割接	已完成
2	污水管	车站西侧	DN300	211m	2022.6.13~2022.11.10	2022.10.19 封堵老管道	已完成
3	电力管	车站四周	10kV	770m	2022.6.23~2022.9.13	2022.11.4 割接 5 根电缆；2022.11.12 抽出 5 根电缆；2022.11.17~2022.11.21 割接 9 根电力通信线	2022.12.7 抽缆完成
4	电力管	车站四周	110kV	712m	2022.7.3~2022.9.15	预计 2023 年 3 月割接	
5	燃气管	车站西侧、南侧	DN110、DN200	620m	2022.7.15~2022.10.6	2022.11.18 割接 DN110 燃气；2022.11.23 割接 DN200 燃气	已完成
6	给水管	车站西侧、北侧、南侧	DN500	630m	2022.7.6~2022.9.27	2022.10.27~10.28 割接	已完成
7	通信管	车站西侧、北侧	—	1472m	2022.6.21~2022.9.10	2022.10.11 广电、联通、移动、电信割接完成签署管线废除令	已完成

4. 管线安全协议及废除确认书签订

（1）排查施工影响范围内废除、已改迁割接完成的管线，与管线产权单位签订管线废除确认书，例表如图 5-4 所示。

（2）与施工影响范围内所有管线产权单位签订管线安全协议。

5. 管线保护

属于一级保护红线范围内的管线，施工单位必须根据管线类别单独编制专项保护方案。保护方案应根据产权单位规定进行报审或报备。

属于二级保护红线范围内的管线，施工单位可编制综合管线保护方案。方案中应包含各类管线在普遍工况条件下的管线保护措施。产权单位对保护方案有报审或报备要求的，根据产权单位规定执行。

6. 作业审批及过程监护

（1）一级、二级管线分程序监护，并落实专人现场监护施工，各项目任命管线责任工程师并下达任命通知，实例如图 5-5 所示，提高管线相关工作的规范和标准程度。

（2）进入红线范围的施工作业实行"进入管线保护红线作业令"审批制规定（作业令详见本章末附件 5-3）。

图 5-4　废除确认书例表　　　　　图 5-5　管线责任工程师任命实例

5.4　保护措施

5.4.1　通用措施

1. 确定施工影响范围内需保护的所有管线按需编制保护方案，其中一级保护管线需单独编制专项保护方案，方案应根据产权单位规定进行报审或备案；其他管线按需编制保护方案，保护方案应具备可操作性，经管线产权单位审核认可后，报监理单位审批后执行，产权单位对保护方案有报审或者报备要求的，根据产权单位规定执行。

2. 进入管线保护红线范围内的施工作业应按"进入管线保护红线作业令"进行审批。一级管线由总监审批，管线专监现场监护，施工单位项目班子成员现场带班；二级管线由专监审批和到场监护，施工单位管线责任工程师全程监护。

3. 进入管线保护红线范围内作业的所有人员均应完成管线培训及交底。

4. 调查改迁废弃管道是否与现运行管道联通，对已经割接完成的废弃管道进行孔道封堵处理，确保泥浆等无法流入现运行管道。

5. 施工单位（特别是盾构标）对施工范围内的管线应定期巡视，形成巡视记录，报监理审批。

6. 结合管线施工需要，定期组织管线培训。

5.4.2 专项措施

1. 架空线缆：线缆下方应按保护距离实行分区管理，宜设置禁吊区、严控区及警示区，不同区域应在地面采用醒目标识划定区分，必要时，在禁吊区设置隔离措施。吊装作业应按"吊装令"要求进行审批，作业期间必须有专人监护。

（1）严格控制各管线红线保护作业令，需设置地面红线标记、警示标志、安全界限等措施，措施实例如图 5-6 ~ 图 5-10 所示。

图 5-6　地面红线标记及隔离桩实例

图 5-7　分区管理提示牌（严控区、禁吊区）实例

图 5-8　安全限界（夜间可视）实例

图 5-9　地面上的禁止标记实例

图 5-10　警示及施工信息标牌实例

（2）起重作业与架空线路安全距离

起重机严禁越过无防护设施的外电架空线路作业。在外电架空线路附近吊装时，起重机或其他工程与架空线路边线的最小安全距离见第 7.2 节外电防护。

2. 地面裸露（明敷）管线

外部应粘贴醒目、夜间可视的警示标志，在管线的两侧适当位置设置刚性围栏，如隔离柱、墩、墙等，隔离设施牢固可靠，表面涂刷黄黑相间夜间可视安全警示色，实例如图 5-11 所示。管线上方严禁堆放重物。靠近裸露管线施工时，必须安排专人监护。

3. 地下管线

（1）根据人工探挖管线实际位置，在地面划出保护红线，必要时设置稳定的隔离围护措施。应设置明显的管线标牌，标牌应包含管道类型、管径、管材、埋深、走向、联系电话等信息，各标牌实例如图 5-12~ 图 5-16 所示。

图 5-11　裸露管线设置刚性隔离墙实例

图 5-12　地下管线探坑处围护标牌实例

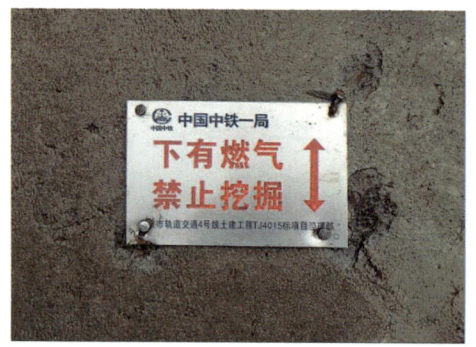

图 5-13　地下燃气管指示标牌实例　　　　图 5-14　地下管线路径用红线标识实例

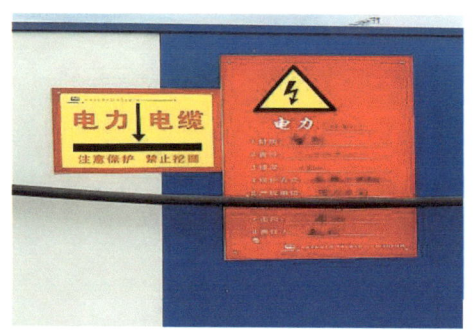
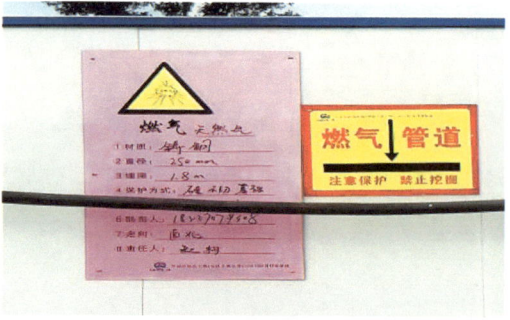

图 5-15　电力电缆位置指示牌实例　　　　图 5-16　燃气管道位置指示牌实例

（2）地下管线保护区内动土作业时，应按"进入管线保护红线作业令"进行审批，同时填写动土审批单，实例如图 5-17 所示。动土施工时，必须安排专人监护。

4. 原位悬吊管线

应编制悬吊保护方案，并报经产权单位同意，悬吊支架应具有足够的强度、刚度及空间，表面涂刷黄黑相间夜间可视的安全警示色，并设置醒目夜间可视的警示标志，管线悬吊支架实例如图 5-18 所示。基坑上方管线应及时清理上方落土，靠近悬吊支架作业，必须安排专人监护。

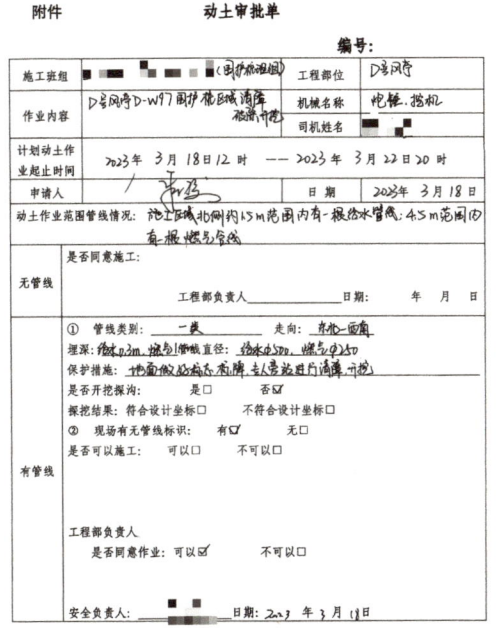

图 5-17 动土审批单实例

图 5-18 管线悬吊支架实例

附件 5-1

管线调查成果设计交底会签表

年　月　日

工程名称	××市轨道交通____号线工程
项目名称	SJ____标

管线调查成果交底内容，详见附件。

管线调查单位盖章： 签字：	建设单位盖章： 签字：	管线改迁设计单位盖章： 签字：
工点设计单位盖章： 签字：	总体设计单位盖章： 签字：	咨询设计单位盖章： 签字：

附件 5-2

_____ 阶段管线交底记录表

年　月　日

工程名称	××市轨道交通____号线工程
项目名称	TJ_____标
管线名称	

<table>
<tr><td colspan="2" align="center">交底内容</td></tr>
<tr><td>管线调查单位（签字）：</td><td>总体院（签字）：</td></tr>
<tr><td>咨询院（签字）：</td><td>工点院（签字）：</td></tr>
<tr><td>现场业主代表（签字）：</td><td>工程保障部（签字）：</td></tr>
<tr><td>改迁设计院（签字）：</td><td>测绘单位（签字）：</td></tr>
<tr><td>土建施工（签字）：</td><td>土建监理（签字）：</td></tr>
<tr><td>管线配合标（签字）：</td><td>专业管线设计（签字）：</td></tr>
</table>

附件 5-3

进入管线保护红线作业令

施工单位			
作业内容及范围			
作业日期及时间		作业令编号	
涉及管线及探查情况			
管线权属单位确认情况			
管线保护红线级别			
带班领导姓名、职务及电话(一级)或管线工程师姓名及电话(二级)			
项目经理意见	签字:　　　　日期:		
管线专监意见	签字:　　　　日期:		
总监理工程师意见	签字:　　　　日期:		

注:作业令一式两份,施工和监理单位各存一份。

第 6 章 临时建筑

6.1 一般规定

1. 临时建筑搭建应编制专项施工方案。

2. 临时建筑的选址应科学合理，不应布置在滑坡、洪水、泥石流等地质灾害易发的危险区域，其布局应与施工组织设计的总体规划一致，并应符合安全、消防、节能、环保要求和国家相关规定。

3. 重视办公区、生活区生活环境治理，保持环境干净整洁。

4. 办公区、生活区宜位于施工物件坠落半径和塔式起重机等机械作业半径之外。当不能满足要求时，应设置双层安全防护棚。

5. 砌体建筑物和砌体围挡施工单位应具备施工资质。活动房装拆应由专业生产厂家负责施工。活动房材质应有出厂合格证。

6. 临时建筑场地应平整、坚实，地基承载力、地基处理及混凝土强度均应满足设计要求。

7. 临时建筑应根据当地气候条件，采取抵抗风、雪、雨、雷电等自然灾害的措施。临时建筑周边应排水畅通、无积水。

8. 餐厅、资料室、会议室、民工学校宜设在临时建筑的底层。

9. 临时建筑场地应设有消防车道，宽度和净空高度不应小于 4.0 m。

10. 临时建筑层数不宜超过两层，最大允许长度不应大于 60 m。安全出口应分散布置。幢与幢之间的距离不应小于 3.5 m。楼梯和走廊净宽度不应小于 1.0 m，楼梯扶手高度不应低于 0.9 m，外廊高度不应低于 1.05 m。

11. 单层活动房层高不宜大于 5.5 m，跨度不宜大于 9.1 m。两层活动房层高不宜大于 3.5 m，总高度不宜大于 6.5 m，跨度不宜大于 9.1 m。

12. 临时建筑使用年限不应超过 5 年。活动房再次周转使用时，搭设应由专业生产厂家负责施工。

13. 办公区和生活区应设置密闭式垃圾容器，建立卫生责任制，设卫生保洁员，每天定期清运。

6.2 办公区

1. 办公用房宜包括办公室、会议室、资料室、档案室等。

2. 项目驻地规划建设要深入贯彻"以人为本，经济节约，展示形象，促进发展"的总体原则，在充分结合项目部、项目定位、区域发展需要的基础上，注重简约、适用、内涵，严禁攀比、奢华。

3. 主办公楼顶部可安装单位名称标牌，可根据情况考虑采用发光字体，主楼中间位置，可结合业主、项目部管理理念、目标，安装大幅标语，可采用单个字，也可考虑整体喷绘，除有特殊需求外，建议色调选择正红色，达到明亮、醒目效果。办公楼与单位标牌实例如图6-1所示。

4. 办公用房室内净高不应低于2.5 m，人均使用面积不宜小于$4m^2$，会议室使用面积不宜小于$30m^2$。

5. 办公区设置应急救援警铃，办公区内可采用隔断式底座（底部为淡蓝色或白色，上部为半透明玻璃），室内用电可采用地埋式插座。办公桌靠近通道两侧设立人员名牌卡槽，写明人员部门、职务、姓名、联系方式等内容。办公区与应急救援警铃设置实例如图6-2所示。

6. 室内具备办公条件，岗位职责、有关制度图表上墙，设施良好，文件资料归档整齐，实例如图6-3所示。

图6-1 办公楼与单位标牌实例

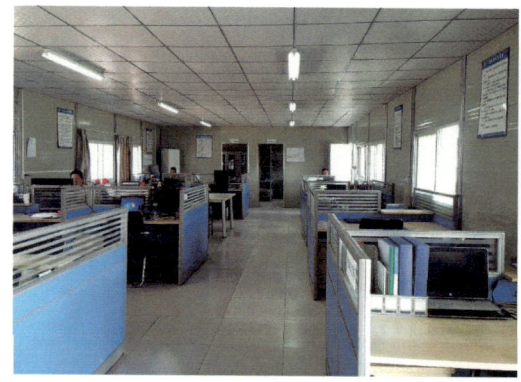

图 6-2　办公区与应急救援警铃设置实例

图 6-3　资料归档实例

6.3　会议室

1. 会议室形象背景墙可采用原色或贴浅色墙纸，背景墙上方根据尺寸安装 LED 显示屏，长度根据会议室长度确定，黑色外框。侧墙应设置会议室制度，墙上挂有管段工程概况牌、组织机构图、平面布置图、施工形象进度图、安全、质量、环保组织机构图、安全、质量与环保保证体系图、项目管理方针和管理目标、工程质量创优规划牌等，制作材质为亚克力板。

2. 门窗齐全，宽敞、明亮，并设有防暑、降温、取暖设备。

3. 配备必要的会议桌（椭圆形或方形会议桌）、椅子、写字板、多媒体等常用会议设施。

4. 房间净空高度应控制在 3.5 m 以上，会议室面积在 60 ~ 120m^2，会议室至少能容纳 30 人参加会议。

5. 会议室实景如图 6-4 所示。

图 6-4 会议室实景图

6.4 宿舍区

1. 宿舍内床铺不得超过 2 层,每间宿舍不宜超过 8 人。不应采用通铺。

2. 宿舍内应设置生活用品(每人配置一张 1.2 m 宽床,一个简易布衣柜,一个床头柜,两套床上三件套),个人物品摆放整齐。

3. 宿舍内门窗(可开启式)设置齐全,室内通风、防潮、照明良好(晚间有照明),室外应设专门的晾衣处。

4. 宿舍内应安装电扇或空调等降温设施。

5. 严禁采用钢管、毛竹、彩条布及脚手片等搭设的简易工棚作宿舍。

6. 宿舍内(包括值班室)严禁使用煤气灶、煤油炉及电饭煲、热得快、电炒锅、电炉等大功率器具。宿舍内应安装限电器。

7. 宿舍用电设施应符合安全临时用电标准,按照创建"节约型工地"要求,宿舍内应使用节能灯,每个房间应独立设置漏电保护器。

8. 生活区与职工宿舍实例如图 6-5 所示。

图 6-5 生活区与职工宿舍实例(一)

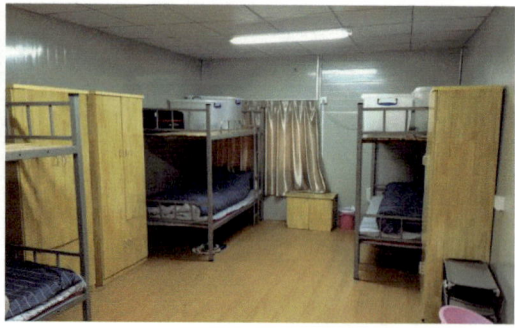

图 6-5　生活区与职工宿舍实例(二)

6.5　餐饮区

1. 驻地应设立职工食堂和小餐厅。职工食堂按照就餐高峰人数 70% 计算,面积 1~5m²/人,位置要距厕所、有害物质 >30m,房间净空高度 ≥2.8m。

2. 食堂应有"餐饮服务许可证",建立食堂卫生管理制度,实例如图 6-6 所示。炊事人员必须持健康证上岗。炊事人员上岗应穿戴洁净的工作服、工作帽和口罩,并应保持个人卫生,定期参加体检。

3. 食堂内配置电视机、空调,设置独立的加工间、储藏间,并配有消毒设备,配备纱门、纱窗、纱罩等。食堂配置实例如图 6-7、图 6-8 所示。

4. 食堂应有通风、排气和排水措施,储存间应配备必要的冷藏设施。

5. 食堂宜采用单层结构,顶棚宜设吊顶。食堂与厕所、垃圾站等污染源的距离不宜小于 15 m,且不应设在污染源的下风侧。

6. 食堂需单独设置液化气储存库与液化气报警装置,如图 6-9、图 6-10 所示。

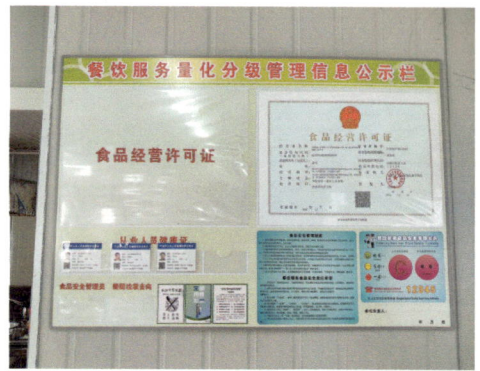

图 6-6　餐饮服务许可证与食堂卫生管理制度实例

图 6-7 职工食堂实例

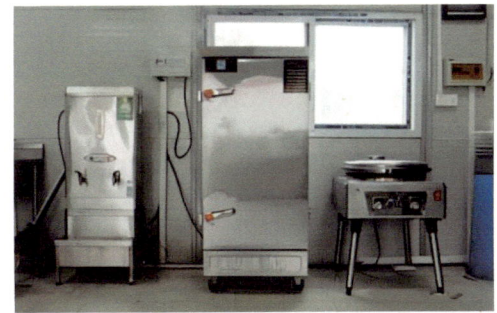

图 6-8 开水器、蒸饭车、电饼铛实例

图 6-9 液化气储存库实例

图 6-10 食堂燃气报警装置实例

6.6 洗漱区

1. 卫生间进门处设置男、女通道和洗手池。男、女卫生间面积参考比例 4∶1，面积按驻地人数平均 0.05～0.5m²/人设置。实例如图 6-11 所示。

2. 必须是水冲式卫生间，采用独立单元空间蹲位，蹲位采用隔板分隔，隔板高度 > 2m，蹲坑尺寸 ≥ 1.2m×1.8m；卫生间蹲位数按驻地总人数的 20% 配置。划分单元空间的隔断板及门与地面距离为 12cm，距离地坪的高度为 1.8m。独立小便器站位设置高度 0.8m 的隔断板，卫生间内部实例如图 6-12 所示。

3. 浴室采用独立单元空间淋浴位，采用节水龙头。按驻地总人数的 15% 配置，每一淋浴位内墙上安装肥皂托盘，浴室实例如图 6-13 所示。

4. 洗澡间内设有更衣区，更衣区摆放吹风机和存衣柜或挂衣架。墙面、地面铺贴瓷砖，有排水、通风设施。

5. 晾衣棚大小根据项目员工人数设置，选用封闭式。外围尺寸控制在 5m×7m 左右，棚顶设置单面坡，棚顶最低处距地面约 2.5m，最高处约 3m，晾衣架高度 2m，保证身高 1.6m 的员工能正常使用，实例如图 6-14 所示。

图 6-11　卫生间进门处实例

图 6-12　卫生间内部实例

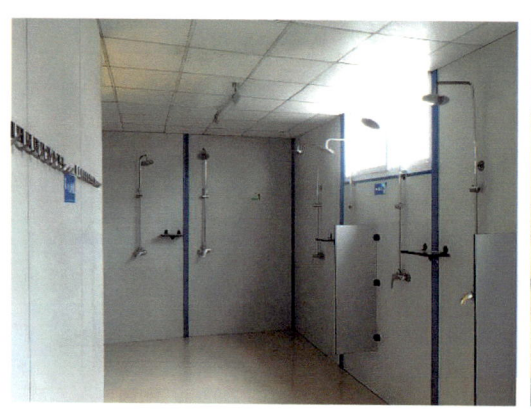

图 6-13　浴室实例　　　　　　　图 6-14　晾衣棚实例

6.7　现场临时设施棚

1. 加工棚采用钢结构厂房。屋顶为人字形，采用单层压型瓦，侧墙外侧设置 60cm 宽 C20 混凝土散水，散水的坡度为 3%～5%，散水外缘高出室外地坪 10cm。各加工棚实例如图 6-15、图 6-16 所示。

图 6-15 泥浆棚实例

图 6-16 钢筋加工棚实例

2. 钢筋棚抗风计算

钢筋等加工棚需进行抗风验算,作用于钢筋棚风荷载由缆风绳和结构自身抵抗。按照不利考虑,全部由缆风绳承受,缆风绳拴在顶部位置,缆风绳与地面角度为90°,缆风绳 6m 设置一道。以宁波市为例进行抗倾覆计算:

根据《建筑结构荷载规范》GB 50009-2012,风荷载标准值如下:

$$\omega_k = \beta_z \mu_s \mu_z \omega_0$$

式中:ω_k——风荷载标准值(kN/m²);

ω_0——基本风压(kN/m²),取宁波百年一遇最大风压 0.6;

μ_z——风压高度变化系数,取 1.04;

μ_s——风荷载体型系数,取 1.3;

β_z——风振系数,取 1.0。

$\omega_k = 1.0 \times 1.04 \times 1.3 \times 0.6 = 0.8112$ kN/m²

风荷载 $W = 6 \times 7.9 \times 0.8112 = 38.45$ kN

缆风绳与结构的夹角为 90°,单根钢丝绳受力 $N = 38.45/2 = 19.23$ kN

即选用钢丝绳最小破断力需大于 19.23 kN。

6.8 仓库

1. 库房

(1)库房的选址不宜在宿舍旁边,以靠近物机部办公室为宜,方便管理;

(2)库房地面为水泥硬化地面;

（3）库房地平面要高于走廊外地平线不少于 20 cm；

（4）库房四周要设有排水系统；

（5）库房走廊宽度为 1.2 m；

（6）库房设平移式对开门一扇；

（7）库房窗户设置要保证室内的通风和采光。

2. 库房货架

（1）位置在进门左侧，或进门前排；

（2）材质采用∠63 角钢制作，表面采取防腐处理，天蓝色；

（3）货架尺寸为长 2 m×宽 0.6 m×高 2 m，共四层，横梁以 75 mm 节距调节层高，底层离地面 0.225 m，层间距为 0.525 m；

（4）层板每层根据需要，承重 50～300 kg。货架实例如图 6-17 所示。

图 6-17　货架实例

3. 应急仓库

（1）项目在施工现场需设置应急物资仓库，面积可根据项目实际情况布设，要求库房门悬挂醒目的"应急物资仓库"；

（2）库房内配备应急物资大类：生产物资、救援物资、医疗物资。应急物资不得作为常规物资随意使用。库内摆放货架，应急物资摆放至货架上，货架摆放整齐划一，货架制作同普通仓储物料库货架，并悬挂标识牌，库房内悬挂应急物资总台账，定期核查台账清单。库内张贴应急物资管理制度，库内悬挂"禁止烟火"安全警示牌，并做好防火工作，库管员、现场值班人员等需配备应急物资仓库钥匙。设备材料管理人员根据配置计划进行设备的维护、保养、补充和材料更换等日常工作，加强动态管理并做好记录。应急物资仓库与救援物资实例如图6-18所示。

4. 氧气、乙炔库

（1）施工现场必须分开设置氧气瓶、乙炔瓶危险品专用库房，库房结构宜采用阻燃板搭设或者钢结构，应通风良好，氧气存放库实例如图6-19、图6-20所示；

（2）气瓶应分类存放且与明火安全距离不得少于10 m，乙炔瓶与氧气瓶距离不得少于5 m，气瓶与动火距离不得少于10m；

（3）氧气与乙炔吊装必须采用专用吊笼，规格尺寸不宜小于1.6m×0.6m×0.6m；

（4）氧气与乙炔运输时采用专用手推车，且避免横躺卧放。

图6-18 应急物资仓库与救援物资实例

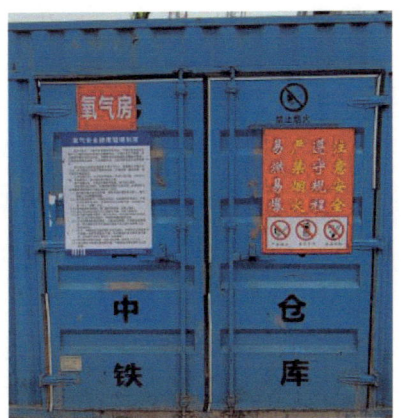

图6-19 氧气存放库（工具棚式）　　图6-20 氧气存放库（集装箱式）

6.9 材料堆码

1. 钢材堆码

（1）按照总平面图规定位置存放。钢筋原材存放应层次分明，保持一头对齐，不得变形扭曲；半成品堆码牢固，便于取用；

（2）钢材类堆码采用12 m长工字钢台架，台架底部采用I22工字钢，每3 m设置一根竖向长80 cm的I10工字钢立柱区分材料规格；

（3）钢材的储存下垫高度不小于20 cm，不同等级、炉号、规格及生产厂家应分批、分别堆放，钢筋堆码实例如图6-21所示。

图6-21 钢筋堆码实例

2. 半成品堆码

（1）半成品根据各规格定做专用台架，台架底部采用I22工字钢，每2m设置一根1m长I10工字钢立柱区分规格；

（2）台架每1.5m设置一列，采用打包机对同种规格、数量进行捆扎打包，整体装卸、运输；

（3）钢筋笼宜采用移动台架堆码，底部采用I22工字钢作为纵向支撑，上部采用10 mm圆弧形钢板每2 m一排，设置10排，采用骑缝式堆码避免滑落，堆码高度不大于3 m，半成品堆码实例如图6-22所示。

图 6-22　半成品堆码实例

3. 管片堆码

（1）管片堆放场地必须夯实平整，场地周围必须有排水措施，不得积水；

（2）管片排列整齐，纵距、横距安全通道不得小于 1 m，堆放篷布必须叠放整齐，垫木集中堆放，安全通道必须畅通；

（3）管片必须堆放在钢制基座上，管片堆放的高度不得高于 3 块，管片间的垫木上下一致，钢支座长 2.37 m，宽 0.8 m，高 0.47 m，底部为长方形结构，与管片接触面为弧形构造，弧度与管片弧度一致，接触面两端贴有橡胶软木衬垫，保护管片不被磕碰，防止管片破损，在基座中间预留有叉车刀叉孔，管片堆放实例见图 6-23。

图 6-23　管片堆放基座与实例效果

4. 常用周转料堆码

（1）型钢类堆码

周转材料可在库房、料棚或露天存放，垛基垫木应一端略高，以利于排水，间隔由高向低过渡，不使钢材产生弯曲变形。

（2）模板类堆码

圆柱墩模板存放时应垂直存放，不得平放或倒扣放置，防止其变形；平面模板堆放应下垫 100 mm 的木方，钢模板堆放高度不超过 5 块，且应靠近使用部位堆放；模板存放时应涂刷隔离剂，堆放场地应平整坚实、不积水。

（3）脚手架堆码

脚手架及其配件使用后应该分类存放，打包后及时回库，并且要求存放场地平整、排水良好。存放在室外时要下设支垫并用苫布遮盖。脚手架堆码实例如图 6-24 所示。

图 6-24　脚手架堆码实例

第 7 章 施工用电

7.1 一般规定

1. 总包单位和分包单位应当签署临时用电协议，确保明晰双方的权利和责任。
2. 电气工程技术人员组织编制用电组织设计及外电防护专项方案，经企业技术负责人审核，监理单位审批同意后才能实施。
3. 对于临时用电组织设计及其变更，必须遵循"编制、审核、批准"程序，变更用电组织设计时需补充相关图纸资料。
4. 根据工程位置进行现场勘探，对场地布置、临时设施搭建、电源等提出可行性方案，设定临时用电平面布置和外电防护距离，确保临时用电组织设计及外电防护方案具有针对性和实用性。
5. 在施工现场采用三级配电和三级漏电保护的用电方案，实施"一机一闸一漏一箱"的配置。
6. 按规定进行接地电阻、绝缘电阻测试（每月1次）和漏电保护器检测（每月不少于2次），雷雨天过后进行复测，同时派遣人员监督测试过程，测试时需穿戴好防护用品，并认真填写测试记录。

7.2 外电防护

1. 在建工程不得在外电架空线路正下方施工、作业，不得设生活设施或堆放构件、材料等。
2. 在建工程（含脚手架）周边与外电线路的边线安全距离及防护措施符合表7-1要求。

在建工程（含脚手架）与外电线路的安全距离					表 7-1
外电线路电压等级（kV）	<1	1~10	35~110	220	330~500
最小安全操作距离（m）	4.0	6.0	8.0	10	15

3. 起重机械在外电架空线路附件吊装时，起重机的任何部位或被吊物边缘在最大偏斜时与架空线路边线的最小安全距离符合表 7-2 要求。

起重机与架空线路边线的最小安全距离（m）							表 7-2
电压（kV）	<1	10	35	110	220	330	500
沿垂直方向	1.5	3.0	4.0	5.0	6.0	7.0	8.5
沿水平方向	1.5	2.0	3.5	4.0	6.0	7.0	8.5

注：引自《施工现场临时用电安全技术规范》JGJ 46-2005。

4. 外电架空线路正下方不得进行起重作业施工或搭设临时设施（堆物）。

5. 防护设施与外电线路的最小安全距离应符合表 7-3 要求，并应坚固、稳定，对外电线路的隔离防护应达到 IP30 级。

防护设施与外电线路之间的最小安全距离						表 7-3
外电线路电压等级（kV）	≤ 10	35	110	220	330	550
最小安全距离（m）	1.7	2.0	2.5	4.0	5.0	6.0

6. 未经建设单位或其他单位同意，禁止从运营或其他的车站、隧道供电线路接线。

7. 外电需设置安全警戒线与警示牌，实例如图 7-1 所示。

图 7-1 外电距离与警示牌设置实例

7.3 接地与接零保护系统

1. 施工现场专用的电源中性点直接接地的低压配电系统应采用 TN-S 接零保护系统。

2. 电气设备的金属外壳应与专用保护零线连接，保护系统应符合规范要求，各接零保护实例如图 7-2 ~ 图 7-4 所示。

3. 专用保护零线引出位置（电源进线零线重复接地处或总漏电保护器电源侧进线零线处）、材质（绝缘铜线）、设置（重复接地不少于三处，重复接地电阻 ≤ 10Ω）、颜色标识（PE 线绿 / 黄双色绝缘线）等应符合规范要求。

4. 重复接地与工作接地的设置、安装、材料、接地装置应符合要求，接地线采用 2 根及以上导体，在不同点与接地体做电气连接。接地体采用角钢、钢管或光面圆钢，不得采用螺纹钢材，工作接地电阻不大于 4Ω，重复接地电阻 ≤ 10Ω。

5. 施工现场内的突出设施（起重机、井字架、龙门架、活动板房等设施）应按规范要求设置防雷措施，防雷装置的冲击接地电阻值不得大于 30Ω。

图 7-2　分路电缆保护接零实例

图 7-3　箱体接零实例　　　　　　图 7-4　设备外壳保护接零实例

7.4 配电室

1. 配电室应满足以下要求：配电柜正面的操作通道宽度，单列布置或双列背对背布置不小于 1.5 m，双列面对面布置不小于 2 m；配电柜侧面的维护通道宽度不小于 1 m。配电室的顶棚与地面的距离不低于 3 m。

2. 配电室四周设固定围栏（墙），并设置明显的禁止、警告标志及安全操作规程，隔离防护实例如图 7-5 所示。

3. 配电室及栅栏门需上锁，由专职电工管理。

图 7-5 配电室隔离防护实例

7.5 配电箱

7.5.1 总体要求

1. 配电箱及相关电器元件必须有"3C/CQC"认证标识，外壳防护等级不低于 IP44，门内操作面的防护等级不低于 IP21。总箱设置防雨棚，且上锁管理，分配箱、开关箱可不设单独防雨棚，保持内门常闭状态。

2. 采取由总包单位统一采购标准化电箱方式从根本上解决临时用电"硬件"配置问题，开展专题培训，注重解决技术和管理等"软件"问题。

3. 临时用电符合"三级配电、三级漏电保护"的原则。

4. 按照实际情况配置满足用电要求的电箱及电器元件。

（1）一级配电箱如图 7-6 所示。

（2）二级配电箱、开关箱内的电器（含插座）应先安装在金属或非木质阻燃绝缘电器安装板上，然后方可整体紧固在配电箱、开关箱体内，如图 7-7 所示。

（3）三级配电箱、开关箱：冷轧钢板制作且设有内置防护门，如图 7-8 所示。

图 7-6　一级配电箱实例

图 7-7　二级配电箱实例（除电工接线专用外，带插座的电箱要装挂锁）

图 7-8　三级配电箱、开关箱实例

7.5.2　电器元件

1. 总箱应符合当地供用电管理部门的要求。

2. 总断路器与剩余电流保护分路断路器设计时需确保其具有清晰的物理断开指示；且断路器能够同时切断所有相线与中性线，防止因三相不平衡引发的 110V 危险电压；同时避免工作零线直通，以保障漏电故障时主配电箱断路器的即时响应。

3. 漏电保护器的额定漏电动作电流不应大于 30mA，额定漏电动作时间不应大于 0.1s。使用于潮湿或有腐蚀介质场所的漏电保护器应采用防溅型产品，其额定漏电动作电流不应大于 15mA，额定漏电动作时间不应大于 0.1s；总配电箱中漏电保护器的额定漏电动作电流应大于 30mA，额定漏电动作时间应大于 0.1s，但其额定漏电动作电流与额定漏电动作时间的乘积不应大于 30mA·s。漏电保护器实例如图 7-9 所示。

4. 装设电流互感器时，其二次回路必须与保护零线有一个连接点，且严禁断开电路。

图 7-9　带剩余电流保护断路器实例

7.5.3　位置

1. 配电箱装设在干燥、通风及常温场所，不得装设在有害介质及易受外来撞击、强烈振动、液体浸溅及热源烘烤场所。

2. 配电箱周围应有足够 2 人同时工作的空间和通道，不得堆放妨碍操作物品。

3. 移动式需设在坚固稳定的支架上，中心点与地面垂直距离宜为 80 ~ 160cm。

7.5.4　接线

1. 接线时开关箱符合"一机一闸一漏一箱"的配置要求，严禁一闸多机。

2. 配电柜或配电线路停电维修时，应挂接地线，并应悬挂"禁止合闸、有人工作"停电标志牌，如图 7-10 所示。停送电必须由专人负责。

3. 项目配备 63A、125A 应急快速接头各一个，并配相应的电缆线 50m，实例如图 7-11 所示。

图 7-10　配电柜警示标志牌实例

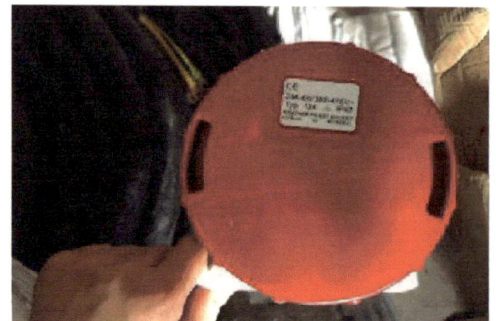

图 7-11　快速接头实例

7.5.5 接地

1. PE 线（保护零线）所用材质与相线、N 线（工作零线）相同时，其最小截面面积要符合表 7-4 要求。

PE 线最小截面面积要求　　　　表 7-4

相线芯线截面面积 S（mm²）	PE 线最小截面面积（mm²）
$S \leq 16$	S
$16 < S \leq 35$	16
$S > 35$	$S/2$

2. 配电箱金属箱体，施工机械、照明器具、电器装置的金属外壳及支架等不带电的外露导电部分应做保护接零，与保护零线的连接应采用铜鼻子连接。

3. 垂直接地体宜采用角钢、钢管或光面圆钢，不得使用螺纹钢或铝导体做接地体，垂直接地体实例如图 7-12 所示。

图 7-12　垂直接地体实例

7.6　配电线路

7.6.1　材质

配电线路宜采用"三相五线"铜芯软电缆线，电缆线橡胶保护完好，无破损、断裂、老化等现象。

7.6.2 标识

1. 配电箱张贴标识牌，主要信息包括配电箱名称、级别、编号、管理责任人、电工联系方式及安全操作规程。

2. 箱体内标识控制设备名称、分路标记，箱内设置线路走向标识。实例如图7-13、图7-14所示。

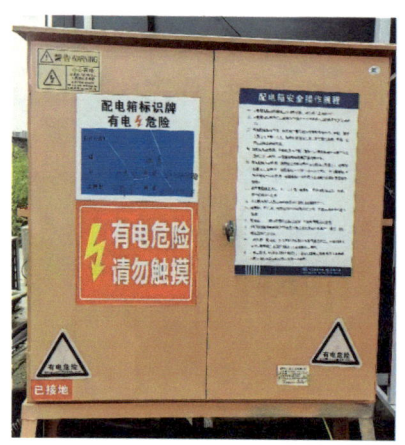

图7-13 配电箱标识实例

图7-14 内部线路走向标识实例

7.6.3 敷设方式

1. 配电线路必须采取架空或埋地敷设。架空线必须采用绝缘导线或电缆线，应采用防锈钢支架瓷瓶布挂或PVC管穿管保护，每隔50 m悬挂线路走向标识牌，严禁绝缘导线或电缆线沿地面明设，并避免机械、材料损伤或介质腐蚀。

2. 线路的设施、材料及相序排列、档距与邻近线路或固定物的距离应符合《施工现场临时用电安全技术规范》JGJ 46-2005要求。电缆禁止沿地面明设、沿脚手架、树木等敷设。箱变周围可设置警示标志。

3. 明敷主干线距地面高度不得小于2.5 m，明敷线路不得悬空乱拉。

4. 外电线路防护用木、竹或其他绝缘材料增设屏障、遮拦、围栏、保护网等防护设施实行强制性绝缘隔离，悬挂醒目的警告标示牌，禁止出现乱拉乱接或架空缆线上吊挂物品现象。

5. 盾构机使用的高压电缆从变压器到盾构井口采用埋地敷设，从井口到车站、隧道内均采用架空敷设，电缆架空高度不应小于 2.5 m，设置电缆支架做绝缘胶套，高压电缆利用绝缘扎带规范绑扎，做好相应保护措施。

6. 明敷主干线距地面高度小于 2.5 m 的暗挖隧道架空线路高压回路、低压回路均沿隧道布设，采用在已初支或二衬的钢筋混凝土钻孔支架固定线路的方法，并且线路沿开挖或二衬完成的隧道逐步铺设，在隧道内敷设电缆，必须用绝缘子和支架沿墙敷设，需要直埋时，必须用钢管（做绝缘）套在电缆外，再埋地敷设。

7. 各敷设实例如图 7-15 ~ 图 7-18 所示。

图 7-15　电缆线敷设实例

图 7-16　埋地敷设实例

图 7-17　专用电缆桥架敷设实例

图 7-18　沿围挡和墙面敷设实例

7.7　现场照明

1. 照明用电应与动力用电分设。
2. 照明变压器应使用双绕组型安全隔离变压器，严禁使用自耦变压器。

3. 照明专用回路设置漏电保护器。

4. 地下暗挖、潮湿和易触及带电体特殊场所的照明，电源电压不得大于24V。特别潮湿的场所、导电良好的地面、金属容器内的照明，电源电压不得大于12V，盾构隧道宜使用LED灯带或LED光源照明。

5. 照明线路和安全电压线路的架设应符合《施工现场临时用电安全技术规范》JGJ 46-2005要求。

6. 手持照明灯具电源供电电压为36V以下，灯体与手柄应坚固、绝缘、耐热耐潮湿，灯头与灯体结合牢固。

7. 照明灯具的金属外壳应与PE线相连接。

8. 阴暗作业场所、通道口应设置照明、应急疏散灯、疏散标识等，保证照明因故停电时，应急照明电源能自动切换。各照明设施实例如图7-19、图7-20所示。

图7-19 盾构隧道LED灯带照明实例

图7-20 施工现场与应急疏散照明灯实例

7.8 生活办公区配电

1. 生活办公区严禁使用大功率用电设备。办公区装设漏电保护，生活区宿舍装设限流器，实例如图 7-21 所示。

2. 配电线路采用绝缘卡槽沿墙壁敷设，严禁其敷设于墙体内，实例如图 7-22 所示。

3. 民工宿舍房间内空调线路单独敷设，电源外接，且插座保持锁闭状态，防止违规接电，实例如图 7-23 所示。

4. 民工宿舍照明采用低压照明专线，并设置相应用电专用箱，实例如图 7-24 所示。

5. 民工宿舍内除空调插座外，其余插座全部为低压 USB 插口，实例如图 7-25 所示。

6. 电瓶车充电棚设置在空旷区，并设有防护棚，实例如图 7-26 所示。

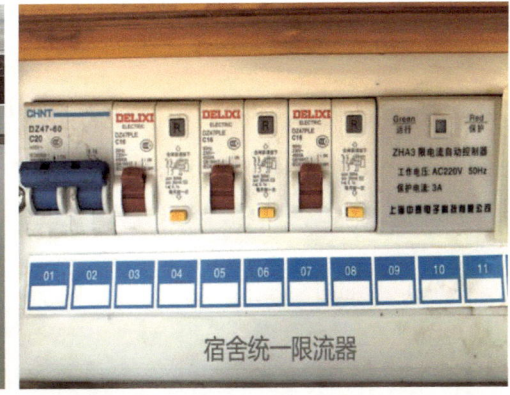

图 7-21　漏电与限流装设实例

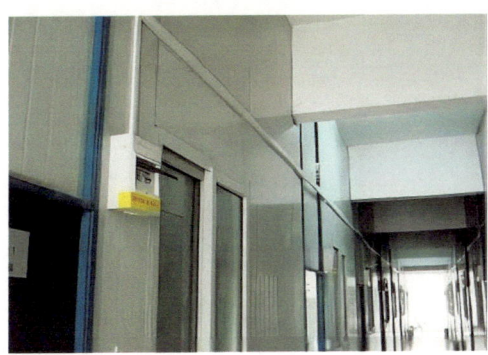

图 7-22　配电线路沿墙壁或绝缘卡槽敷设实例

图 7-23　空调线路外接实例

图 7-24　低压照明专用箱实例

图 7-25　USB 弱电接口实例

图 7-26　电瓶车充电棚实例

第 8 章 施工机械

8.1 一般规定

1. 通用设备管理

（1）从机械设备自身质量安全控制、安拆和使用的行为规范、日常维修保养与检查检验等各个环节进行严密管理。

（2）设备进场前应做好相关考核与评估工作，确保进场设备完好性，建立设备档案。

（3）各类机具设备应有完整的机械产品合格证以及相关的技术资料。

（4）设备进场应提供出厂合格证与使用说明书，自检合格后报监理单位验收方可投入使用。

（5）拼装式机械设备应按规定进行监督检测且检测合格。

（6）起重式机械设备应制定起重设备检查制度，定期对设备进行检查。

（7）各类机具设备应制定维修保养制度，定期进行维修保养并如实填写保养、运转记录。

（8）严禁使用国家明令淘汰的机具设备，达到国家报废标准应禁止使用。

（9）安全保护装置应齐全有效。

（10）应在明显位置悬挂张贴机具、设备安全操作规程。

2. 起重吊装作业管理

（1）起重机司机、指挥或司索人员应持特种作业人员资格证上岗，作业时应密切配合，执行规定的指挥信号。

（2）风险较大的吊装作业工序，必须办理"起重吊装作业申请"（通称吊装令）。申请中应当包含吊装作业内容、吊装作业周边环境、吊装设备类型、吊装站位和行走路线规划、起重机械操作人员和司索指挥人员。

（3）移动式起重机械进场后，应严格执行设备检测验收制度，自检合格后报监理单位验收方可投入使用。

（4）移动式起重机械使用前应进行就位检查，起重机作业地面承载能力应符合设备使用说明书要求，地面铺垫措施应达到规定要求，支腿应伸展到位。

（5）吊运体积较大或接近移动式起重设备额定荷载的构件时，配重设置应符合设备使用说明书要求。

（6）起重机靠近架空输电线路作业或在架空输电线路下行走时，架空输电线安全距离应满足《施工现场临时用电安全技术规范》JGJ 46-2005 规定。

（7）索具采用编结连接时，其编结部分的长度与采用绳夹连接时，绳夹的规格、数量、间距应符合《建筑施工起重吊装工程安全技术规范》JGJ 276-2012 的要求。

（8）索具安全系数应符合规范要求且规格应匹配。

（9）起重机吊运构件(设备)前，应先将重物吊离地面不大于 200 mm 进行试吊。

（10）吊运重物起升和下降速度应平稳、均匀，严禁突然制动，回转应平稳，在回转未停稳前不得作反向动作，满负荷作业时，禁止降落臂杆或同时进行两个动作。

（11）起吊设备报警后，起重司机应及时采取措施停止吊装作业。严禁起重机主、副钩同时吊装作业。大件被吊运物应设置牵引绳，禁止作业人员直接推、拉被吊运物。

（12）履带式起重机吊物行走，载荷超过允许起重量的 50% 时，设备应正位且进行回转锁定。行走道路应坚实平整，重物距离地面高度不应大于 500 mm。

（13）不使用旗语或对讲机传递指挥信号不准吊；吊装重量不明（包括埋在地下）的物体不准吊；被吊物体或吊具载运人员不准吊；吊装散物时捆扎不牢，或采用专用吊笼时物料装放过满不准吊；吊运气瓶时未使用专用吊篮不准吊；吊装时棱刃物与钢丝绳直接接触不准吊；超载作业不准吊；作业现场照明不足不准吊；作业结束，司机离开现场前未对起重机械采取锁紧、固定或其他防移动、防倾覆措施不准吊。

（14）承载载荷、就位及指挥应严格按照专项施工方案进行。

（15）采用双机抬吊时，负载分配合理，单机载荷严禁超过额定起重量的 80%。

（16）两机应协调起吊和就位，起吊的速度应平稳缓慢，禁止单机升降、运行幅度过大或速率过快。

（17）吊索系挂点应符合专项施工方案要求。

8.2 主要施工机械

8.2.1 常用起重机械

城市轨道交通施工中常用的起重机械包括流动式起重机、塔式起重机、门式起重机及施工升降机。各类起重机械类别及主要作业范围见表8-1。

起重机械类别及主要作业范围   表8-1

类别	品种	主要施工作业
流动式起重机	轮胎起重机	包括汽车起重机、随车起重运输车、轮胎式电动抓斗（用于深基坑挖土）。性能灵活，转移快，适用于大部分物件吊装
	履带式起重机	适用于单件重量较大、结构尺寸较长的构件吊装。主要用于地连墙钢筋笼、锁扣管吊装，钢支撑安拆，盾构机及配套台车、电瓶车吊装
塔式起重机	塔式起重机	适用于在一定范围内数量多，而每一单件重量较小的构件、设备设施的吊装，作业周期长。主要用于较大面积场区内物料吊运
门式起重机	龙门式起重机	具有场地利用率高、作业范围大、适应面广、通用性强等特点，特别适用于狭窄的建筑施工场所。主要用于盾构吊装管片、渣土吊装、车站主体结构施工时物料吊装以及钢筋加工棚内原材、半成品及成品吊装
施工升降机	物料提升机	物料提升机适用于小块物料的连续垂直提升，可广泛应用于机电安装工程的散装物料的提升。主要用于车辆段、停车场、上盖物业等房建施工项目

8.2.2 属于特种设备的建筑起重机械

起重机械，是指用于垂直升降或者垂直升降并水平移动重物的机电设备，其范围规定为额定起重量大于或者等于0.5t的升降机；额定起重量大于或者等于3t（或额定起重力矩大于或者等于40t·m的塔式起重机），且提升高度大于或者等于2m的起重机。

属于特种设备的建筑起重机械有：履带式起重机、轮胎起重机（不包含汽车起重机和随车起重运输车）、塔式起重机、门式起重机、施工升降机、物料提升机。

8.2.3 大型施工机械

大型施工机械指盾构机、电瓶车、成槽机、三轴搅拌桩机、轨道车、旋挖钻等。

8.3 履带式起重机

1. 安拆人员（持证上岗）应严格按照安拆方案和使用说明书相关规定进行作业，监理工程师、设备工程师、安全工程师应在场监督，安装自检合格后应经第三方检测单位检测并出具报告，并具备起重安全信息管理牌，如图8-1所示。

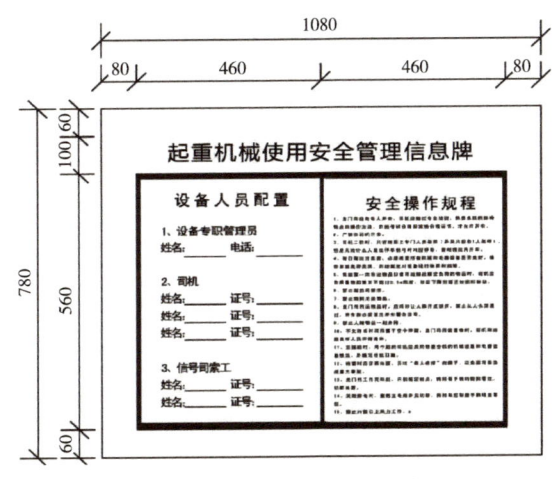

图 8-1 起重安全信息管理牌实例

2. 应对设备资料（合格证、保修证、使用和维修证明书、维修合格证、保险单等）、结构外观、钢丝绳、安全装置等进行验收并报监理单位审批后方可使用。

3. 在起重设备醒目位置张贴相关操作规程、人员信息、使用登记证等。

4. 操作人员和起重指挥人员应持有特种作业操作证，并对设备的工作原理和构造及安全装置的构造和调整方法熟悉，定期保养，严禁搬动和拆卸安全装置。

5. 起重作业场地应符合机械使用说明书要求，如地面松软，应夯实后用枕木横向垫于履带下方；工作、行驶与停放时，应与沟渠、基坑保持安全距离；加油时严禁吸烟或动用明火。

6. 重载道路与非重载道路之间设置明显隔离措施或醒目的划线标记，地面喷涂明显标识，设置限重标牌。起重机械靠近洞口、槽口、坑边时，履带位置必须铺设钢板，重载道路设置实例如图8-2所示。

7. 不宜长距离负载行驶。负载时应缓慢行驶，起重量不得超过相应工况额定起重量的70%，起重臂应位于行驶方向正前方，荷载离地面高度不得大于500 mm，并应拴好拉绳。

图 8-2 重载道路设置实例

8. 行走时转弯不应过急，转弯半径过小时应分次转弯。上下坡道时应无载行走，上坡时应将起重臂仰角适当放小，下坡时应将起重臂仰角适当放大。下坡严禁空挡滑行。在坡道上严禁带载回转。

9. 在开始起吊时，应先用微动信号指挥，待负载离开地面 100~200mm 并稳定后，再用正常速度指挥，在负载最后降落就位时，也应使用微动信号指挥，如遇大风，应立即停止作业，并将主臂转至顺风方向或最低位置。

10. 有物品悬挂在空中时，操作人员和指挥人员不得离开工作岗位。

11. 每班作业完毕后，履带式起重机应退出施工现场塔式起重机的回转区域，将主臂降至 40°~60°，并转至顺风方向，关闭发动机，操纵杆放到空挡位置，将各制动器刹死，并将驾驶室门窗锁闭。

12. 起吊前确认回转范围内有无障碍物，保持与建筑物、高压线间的安全距离，且作业现场需设置履带式起重机作业安全风险点告知牌及吊装区域禁止通行牌，实例如图 8-3 所示。

图 8-3 作业安全风险告示牌实例

8.4 门式起重机

1. 门式起重机的轨道基础铺设应符合使用说明书的规定。基础应采用混凝土浇筑，两根钢轨接头处间隙应≤4mm，钢轨接头处高差应≤2mm，相邻钢轨间使用鱼尾夹板固定，应设置黄绿双色跨接线进行电气连接。轨道按每30m设置接地，电阻不得大于4Ω。钢轨接头处实例如图8-4所示。

2. 轨道铺设在工作面或地面时应设置扫轨板，扫轨板距轨面不应大于10mm。

3. 门式起重机应安装红外线防撞感应器，两侧走行支腿电机处设置制动装置，并保持灵敏可靠，实例如图8-5、图8-6所示。

4. 电缆应无外伤、异常弯曲或扭转、老化、漏电现象，可采用滑触线槽供电；用滑线供电的起重机应在滑线的两端标有鲜明的颜色并设置防护装置，实例如图8-7所示。

图8-4 钢轨接头实例

图8-5 红外线防撞感应器实例

图8-6 制动系统实例

图 8-7 滑触线槽供电实例

图 8-8 作业区域隔离实例

图 8-9 夹轨器实例

5. 走行区域应设置硬隔离,防止人员侵入运行范围,设置实例如图 8-8 所示。

6. 吊运重物应平稳、慢速,行驶中不得突然变速或倒退。两台起重机同时作业时,应保持 5 m 以上距离。不得用一台起重机顶推另一台起重机。

7. 行走时两侧驱动轮应保持同步,发现偏移应及时停止作业,调整修理后继续使用。

8. 起吊中因故障造成重物失控下滑时应采取紧急措施,向无人处下放重物。

9. 作业后应停放在停机线上用夹轨器锁紧,夹轨器实例如图 8-9 所示;同时应将控制器拨到零位,切断电源,关闭好操作室门窗;吊钩上不得悬挂重物。

8.5 汽车起重机

1. 汽车起重机进场前必须上报年度检测报告、司机操作证、保险凭证等资料。

2. 每次进场后项目主管机械、安全人员必须联合监理现场进行验收。

3. 作业前应全部伸出支腿，采取液压支撑，支脚处应平坦坚实，支脚下垫设不小于支腿底面积的木垫板或钢垫箱，设置实例如图8-10所示。调整机体回转支撑面的倾斜度在无荷载时不大于1/1000（水准居中）。

4. 汽车起重机进行起重作业时，所有车轮必须完全离开地面，整体平整稳固，实例如图8-11所示。

5. 作业中不得扳动支腿操纵阀。调整支腿时应在无荷载时进行，应先将起重臂转至正前方或正后方之后，再调整支腿。

6. 汽车起重机起吊作业时，汽车驾驶室内不得有人，重物不得超越驾驶室上方，且不得在车的前方起吊。

图8-10 聚乙烯支垫实例

图8-11 汽车起重机作业实例

8.6 塔式起重机

1. 塔式起重机除经过检测合格外，还必须安装安全监控管理系统。当同一施工地点有两台以上塔式起重机并可能互相干涉时，应制定多塔作业专项方案，履行审批、报审程序，并严格执行。

2. 使用塔式起重机，施工单位应向建设分公司提出书面申请，明确使用原因、数量、范围、安全保障措施等。建设分公司书面同意后，方可进场。施工现场严禁使用行走塔式起重机。

3. 塔式起重机的混凝土基础应符合使用说明书和现行行业标准《塔式起重机混凝土基础工程技术标准》JGJ/T 187-2019 的规定，并按照规定进行设计、检测和验收。基础排水应通畅，并应按专项方案与基坑保持安全距离。在塔式起重机基础附近不得随意挖坑或开沟。

4. 塔式起重机必须安装建筑起重机械安全监控管理系统，全程记录起重机的使用状况并能规范塔式起重机的制造、安拆、使用行为，有效避免误操作和超载。如果操作有误或者超过额定载荷时，系统会发出报警或自动切断工作电源，强迫终止违章操作，控制和减少生产安全事故的发生。

5. 障碍灯与风速仪安装要求：塔式起重机使用高度在 30 m 以上时，应配置障碍灯，起重臂根部绞点高度大于 50 m 的塔式起重机应安装风速仪。

6. 各部位栏杆、平台、护圈等安全防护装置应配置齐全，护栏实例如图 8-12 所示。

7. 金属结构应有可靠的接地装置，接地电阻不得大于 4 Ω。高位塔式起重机应设置防雷装置，避雷接地线安装实例如图 8-13 所示。

图 8-12　栏杆防护设置实例

图 8-13　避雷接地线安装实例

8. 两台塔式起重机之间的最小架设距离应保证塔式起重机的起重臂端部与另一台塔式起重机的塔身之间至少有 2 m；处于高位塔式起重机的最低位置的部件（吊钩升至最高或平衡重的最低部位）与低位塔式起重机中处于最高位置部件之间的垂直距离不应小于 2 m。塔式起重机作业覆盖公共设施时应制定专项安全措施，防护措施应符合要求。两塔作业示意如图 8-14 所示。

9. 采用双机抬吊时，应选用起重性能相似的起重机进行。抬吊时应统一指挥，动作应配合协调，载荷应分配合理，起吊重量不得超过两台起重机在该工况下允许起重总和的75%，单机的起吊荷载不得超过允许荷载的80%。在吊装过程中，两台起重机的吊钩滑轮组应保持垂直状态，起吊速度应平稳缓慢。双机抬吊实例如图8–15所示。

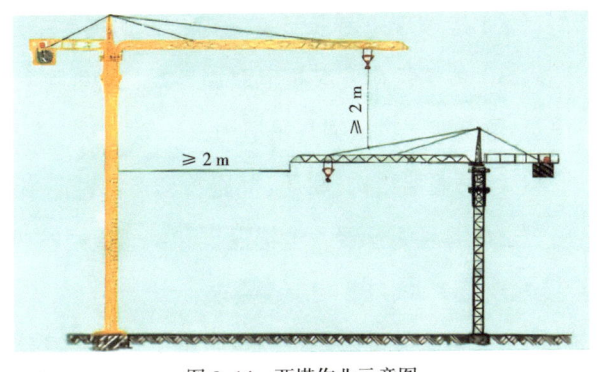

图8–14 两塔作业示意图

图8–15 双机抬吊地墙钢筋笼实例

8.7 物料提升机

1. 安全装置与防护设施

（1）应安装起重量限制器、渐进式防坠安全器且灵敏有效。

（2）安全停层装置应符合规范要求且定型化设置。

（3）应安装自动复位型上、下限位开关且灵敏有效，安全越程应符合《建筑施工起重吊装工程安全技术规范》JGJ 276—2012要求。

（4）自动停层、语音及影像信号等装置应齐全有效。

（5）应按规范要求设置防护围栏与进料口防护棚。

（6）停层平台两侧应设置防护栏杆、挡脚板且符合《龙门架及井架物料提升机安全技术规范》JGJ 88—2010要求，脚手板应铺设牢固、严密。

（7）应按规范要求安装定型化平台门。

（8）吊笼门应安装机电联锁装置且灵敏可靠。

2. 附墙架、缆风绳与吊篮

（1）附墙架结构、材质、间距符合产品说明书和规范要求且与建筑结构可靠连接。

（2）缆风绳设置、地锚设置和钢丝绳规格应符合《龙门架及井架物料提升机安全技术规范》JGJ 88-2010 要求。

（3）吊篮应设有安全门且应定型化、工具化。

（4）高架提升机应使用吊笼，禁止人员乘坐吊篮上下。

3. 钢丝绳、滑轮与基础、导轨架

（1）钢丝绳夹设置与固定形式应符合产品说明书及《龙门架及井架物料提升机安全技术规范》JGJ 88-2010 要求，达到报废标准应更换。

（2）吊笼处于最低位置时卷筒上钢丝绳不得少于 3 圈，钢丝绳应设置过路保护且禁止钢丝绳拖地。

（3）基础承载力、平整度应符合《龙门架及井架物料提升机安全技术规范》JGJ 88-2010 要求。

（4）基础周边应设有排水设施。

（5）导轨架垂直度偏差不得大于导轨架高度 0.15%。

（6）井架停层平台通道处的结构应采取加强措施。

4. 动力与传动

（1）卷扬机、曳引机安装应牢固。

（2）卷筒与导轨架底部导向轮的距离小于 20 倍卷筒宽度，应设置排绳器且钢丝绳在卷筒上应排列整齐。

（3）滑轮与导轨架、吊笼应采用刚性连接且与钢丝绳匹配。

（4）卷筒、滑轮应设置防止钢丝绳脱出装置，曳引钢丝绳为 2 根及以上时，应设置曳引力平衡装置。

（5）卷扬机、曳引机应设有防雨防护棚。

5. 操作棚与避雷装置

（1）卷扬机应设置操作棚，操作棚（防护、可视性等）应符合《龙门架及井架物料提升机安全技术规范》JGJ 88-2010 要求。

（2）位于其他防雷保护范围以外时应设置避雷装置。

6. 物料提升机图解说明如图 8-16 所示。

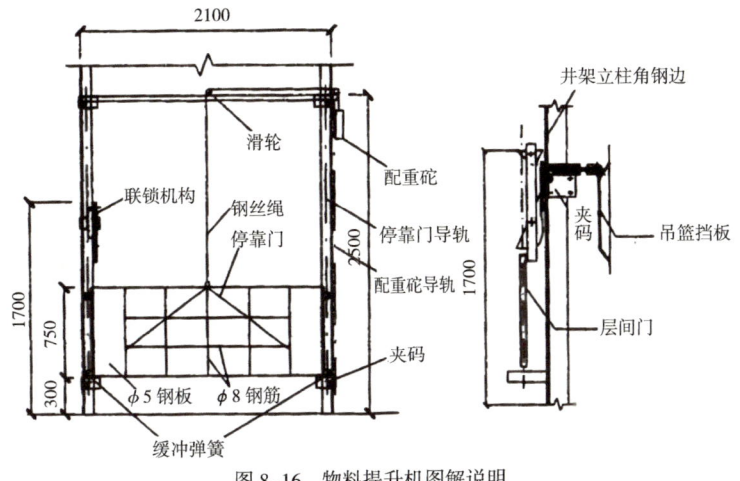

图 8-16 物料提升机图解说明

8.8 单斗挖掘机

1. 单斗挖掘机的作业和行走场地应平整坚实，对松软地面应垫以枕木或垫板，沼泽地区应作路基处理，或更换湿地专用履带板。停放、作业实例如图 8-17 所示。

2. 操作司机应持有特种作业操作证。

3. 轮胎式挖掘机使用前应支好支腿并保持水平位置，支腿应置于作业面的方向，转向驱动轮应置于作业面的后方。采用液压悬挂装置的挖掘机，应锁住两个悬挂液压缸。履带式挖掘机的驱动轮应置于作业面的后方。

4. 作业前重点检查下列项目：

（1）照明、信号及报警装置等齐全有效；

（2）燃油、润滑油、液压油符合规定；

（3）各铰接部分连接可靠；

（4）液压系统无泄漏现象。

5. 保证机器验收合格，验收合格牌实例如图 8-18 所示。

6. 作业时，应待机身停稳后再挖土，当铲斗未离开工作面时，不得做回转、行走等动作。

7. 各操纵过程应平稳，不宜紧急制动。铲斗升降不得过猛，下降时，不得撞碰车架或履带。

图 8-17 机器停放与作业实例

图 8-18 机器验收合格牌实例

8. 应设置警戒隔离区域，任何人员禁止进入回转半径作业区域，设置实例如图 8-19 所示。斗臂在抬高及回转时，不得碰到洞壁、沟槽侧面或其他物体。

9. 作业后，挖掘机不得停放在高边坡附近和填方区，应停放在坚实、平坦、安全的地带，将铲斗收回平放在地面上。

10. 利用铲斗将底盘顶起进行检修时，应使用垫木将抬起的履带或轮胎垫稳，并用木楔将落地履带或轮胎楔牢，然后将液压系统卸荷，否则严禁进入底盘下作业。

图 8-19 警戒隔离区域与旋转部位警示实例

8.9 钻孔灌注桩机

1. 桩机拼装完成后应履行报验、验收程序，重点检查卷扬机设备、钢丝绳、桩机移动行走装置等，验收合格后挂设标识牌，实例如图 8-20 所示。

2. 灌注桩成孔过程应采取泥浆护壁等有效措施防止塌孔。

3. 钢筋笼宜采用分节、多点吊装，应保证钢筋笼对接时钢筋立焊焊接质量满足规范、设计要求，钢筋笼下放过程施工、监理单位人员全程旁站。

4. 包含格构柱的立柱桩应保证格构柱插入立柱桩钢筋笼的长度符合设计要求，并应与钢筋笼可靠连接，确保起吊安全。

5. 钻孔桩泥浆循环箱与钻孔灌注桩护筒埋设实例如图 8-21 所示。

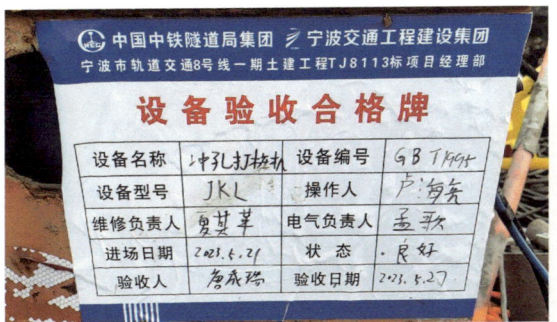
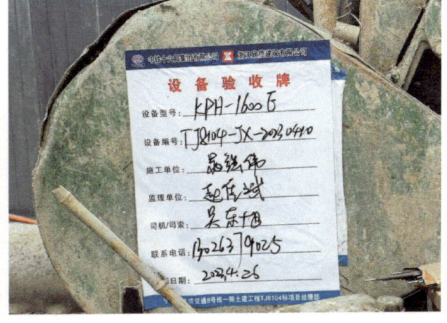

图 8-20　验收合格牌挂设实例

图 8-21　钻孔桩泥浆循环箱与钻孔灌注桩护筒埋设实例

6. 灌注水下混凝土应连续施工，每根桩的灌注时间应按初盘混凝土初凝时间控制，应控制最后一次灌注量，超灌高度宜为 0.8～1.0m，凿除泛浆保证暴露的桩顶混凝土强度达到设计等级。

7. 格构柱间连系梁、剪刀撑设置应符合设计及规范要求，格构柱与钢支撑的节点构造应保证支撑在节点处受到二维约束，以防止侧向弯曲后轴向承载力下降。

图 8-22　钻孔灌注桩作业实例

8. 钻孔灌注桩作业实例如图 8-22 所示。

8.10　三轴搅拌桩机

1. 设备要求

（1）施工单位原则上应选择出厂时间在 6 年以内的三轴搅拌桩机，施工和监理单位应调查、确认设备状况和性能。

（2）设备档案资料应齐全，主要包括型式检验报告、出厂合格证明、使用说明书、产权证明，并定期进行检查，设备检查实例如图 8-23 所示。

（3）设备规格型号、主要参数与资料相符，主要受力结构（配）件与设备图纸相符且无明显变形，各系统工况完好。

（4）总装高度不应超过产品说明书总装高度要求，且不得大于 30m，置顶动力头数量不得超过 2 个。确需超出以上限制的，应由设备厂家出具桩机整体稳定性、接地比压计算书，并应符合《建筑施工机械与设备　桩架》JB/T 12315-2015 的规定要求，机械整体展示实例如图 8-24 所示。

2. 人员要求

（1）分包单位项目负责人、专职安全人员应在岗。

（2）桩机司机应具有桩机操作经验，了解工作场地，熟悉设备工况和施工方法。工作期间应集中精神，避免误操作。

（3）施工（分包）单位必须明确桩机移位信号指挥要求，移位时应配置专门指挥人员及协助观察人员。

图 8-23 三轴搅拌桩机检查实例　　图 8-24 机械整体展示实例

3. 场地要求

（1）使用单位应委托具备相应资质的第三方检测单位对施工场地的地基承载力进行检测。检测应选择具有代表性的点位，监理单位应对检测过程进行见证。

（2）监理单位在收到第三方检测报告后，应组织总包单位、三轴搅拌施工分包单位按照桩机施工专项方案和使用说明书要求对施工场地进行验收。

（3）场地应平整坚实，钢板路基箱铺设平整，宜按加固顺序在断面范围全部铺设。桩机履靴应与路基箱全面接触。

（4）同场作业应合理组织，施工单位须划定各自范围，安排专人协调与盯控。正在施工三轴搅拌桩的场地范围内，不应安排可能扰动地基、破坏地基稳定的其他施工作业。

（5）施工单位应做好三轴搅拌桩施工场地文明施工（场地排水、排放渣土清理、物料堆放），避免存在弱化地基承载能力及未按要求处理的地基盲区。

4. 关键环节

（1）安装拆除环节

① 使用超出"设备要求"第四条限制的设备，施工单位应编制有针对性的专项方案，经专家论证后报监理单位审核，并报项目安全监管机构备案。

② 安装作业现场环境条件满足设备安装（拆除）要求，严格按设备使用说明书进行安装并落实安全措施，如现场设置警戒区域、操作平台等。

③ 桩机立柱、起架装置、斜撑等主要受力构件安装完成后，监理、施工单位应对构件连接及安装质量进行检查验收。立柱起落期间，监理、施工单位应安排安全

专监、专职安全管理人员旁站。

（2）检测环节：桩机安装完成后，使用单位应委托具备相应资质的第三方检测单位进行检测。检测合格并经过监理审查批准后，方可投入使用。

（3）移位环节

① 移位前，监理单位应组织总承包单位、分包单位对场地情况进行重新检查，确保符合要求后方可进行移位。

② 移位时，施工、监理单位应安排专人进行全过程旁站和安全管理。

5. 程序要求

（1）施工单位要完善安全管理程序，明确专职管理人员，实行"定人定机定岗"制度。认真开展安全培训、技术交底、隐患排查治理，督促分包单位主要人员到场履职及做好设备维护保养等工作。

（2）监理单位要切实把好审查和验收关口，督促施工单位在分包管理、设备进场、施工方案、特种作业人员、地基验收、移位检查等方面履行相应审查报批程序。加强巡视检查，及时发现问题并督促施工单位整改。

8.11 五轴搅拌桩机

1. 设备与作业环境要求

（1）桩机安装后，应对各部位系统地进行检查、调试，并经项目安全、工程、设备部等人员验收合格后方可使用。

（2）操作五轴搅拌桩机必须经过考核合格后，持证上岗。

（3）打桩架立柱的左右倾斜度最大为1.5°，超过则会引起各部件损坏和整机倾覆的危险，应在坚实的水平地面施工作业，地面的最大坡度不大于1.5°；不得超过机械规定的参数、能力（强度、稳定度、立柱高、配重、整机重量）的条件作业。

（4）预知平均风速达10m/s，涉及作业安全性时，应终止作业，并采取抗风安全措施；预知平均风速达20m/s，必须将立柱放倒。

（5）因大雨等有水淹或塌方可能性时，必须向安全地带转移。

（6）打桩架承担荷载时，驾驶员不得离开驾驶席，作业人员绝对不准在载荷下站立，严格禁止载荷在头顶上通过；驾驶员离开驾驶席时，必须将吊重落在地面上，确认各手柄处于中位。

（7）遇有雷雨、大雾和六级及以上大风等恶劣气候时，应停止一切作业。当风力超过七级或有风暴警报时，应将打桩机顺风向停置，并应增加缆风绳，或将桩立柱放倒在地面上。立柱长度在 27m 及以上时，应提前放倒。

（8）作业后，应将打桩机停放在坚实平整的地面上，将桩锤落下垫实，并切断动力电源。

2. 操作安全注意事项

（1）使用及移动设备时应有专人指挥，场地不平或下陷严重应待场地处理后再工作。在配重多、压力大的情况下，机身离地面不得超过 300 mm。移机时若前方地下基础不明（防暗沟、泥塘、防空洞等），严禁移机。光线阴暗看不清严禁移机。

（2）上下坡度太大，支腿油缸机身配重不能调水平，倾斜状态严重时，严禁上下坡。移机时没有专人指挥、指挥信号不明，遇到错误指挥等情况禁止移机。

（3）启动前检查并确认钻机各件连接牢固，将操纵杆放在空档位置。减速箱内油位符合规定，钻深限位报警装置有效；启动后，先作空运转试验，检查仪表机械及制动等各项工作正常，方可作业。

（4）施工时，先将钻杆缓慢放下，使钻头对准孔位，当电流表指针偏向无负荷状态时即可下钻。在钻孔过程中，当电流表超过额定电流时，应放慢下钻速度。

（5）钻孔中卡钻时，立即切断电源，停止下钻。未查明原因前，不得强行启动。

（6）作业中，当需改变钻杆回转方向时，待钻杆完全停转后再进行。

（7）钻孔时，当机架出现摇晃、移动、偏斜或钻头内发出有节奏的响声时，立即停钻，经处理后，方可继续钻进。

（8）作业中停电时，将各控制器放置零位，切断电源，并及时将钻杆全部从孔内拔出，使钻头接触地面。

（9）钻机运转时，防止电缆线被缠入钻杆中，必须有专人看护。

（10）遇停电或电路改动时，先关闭水泥阀。电机正式启动前，应先点动开关确定正转，螺旋向上输送，方可打开水泥阀，防止反转水泥压紧卡死螺旋，烧坏电机。

（11）浆泵在工作中或电机未停稳时，严禁关闭出口阀；浆泵应经常加油，保持足够润滑。

（12）空压机输气管道应避免弯曲，对较长管路应设伸缩变形装置。打开送风

图 8-25 桩基下方满铺钢垫箱实例

图 8-26 警戒区设置实例

阀前,必须事先通知工作地点的相关人员。

(13)空气压缩机出口处不得有人工作,储气罐放置地点应通风,严禁高温烘烤;距储气罐 15 m 以内不得进行焊接或加工作业。

(14)空气机运转发现异常,立即停机检查。

(15)发现气压表、空气压力表、温度表、电流表的指示值突然超过规定或指示不正常,发生漏水、漏气、漏电、漏油或冷却突然中断,发生安全阀不停放气或空气压缩机声响不正常等情况而不能调整时,应立即停车检查。

(16)下班时应把钻机停在坚实平整的地面上,切断电源,收好活动电缆、临时用电线,锁好电箱,对材料进行合理保护。

(17)桩机平移中,步履下方满铺钢垫箱,专职安全管理人员旁站监督,作业区域设置警戒区,作业示例如图 8-25、图 8-26 所示。

8.12 成槽机

1. 设备要求:成槽机必须经具备资质的检测单位检测合格后使用;施工前事先对成槽机进行检查,确保设备处于正常工作状态,必要时进行维护保养;传动部件、限位保险装置、油温等应正常,油缸、油管、油电机等液压元件不得有渗漏油现象。设备检验合格证明如图 8-27 所示。

2. 机器设置:确保钢丝绳、滑轮没有严重磨损及脱槽现象;钢丝绳应排列整齐,不得松乱,钢丝绳设置实例如图 8-28 所示;施工前需要根据轨道板的尺寸和要求,调整好成槽机的切削宽度和深度等参数。

3. 操作步骤：在进行操作时，必须穿戴好相应的安全装备，并按照使用说明的步骤进行操作。

4. 机器运行：成槽作业槽口部位必须铺设钢板；启动成槽机时将轨道板放置在机器上，与主轴调整到适合的角度，并在切削时保持匀速。机器作业运行实例如图 8-29 所示。

5. 材料设置：注意轨道板的重心，防止在成槽过程中滑动和倒塌，避免意外情况的发生。

6. 切削油的使用：在进行成型切削时，通常会使用润滑切削油，建议使用适合的油脂种类以保持切削清洁，提高切削效率。

7. 设备维护：操作完成后，需要及时清理和维护成槽机，以确保设备能够长时间稳定工作。

8. 成槽机整体设备实例如图 8-30 所示。

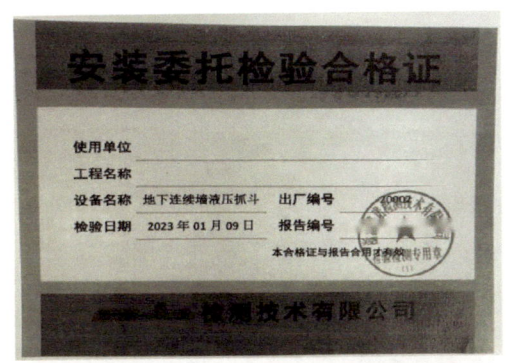 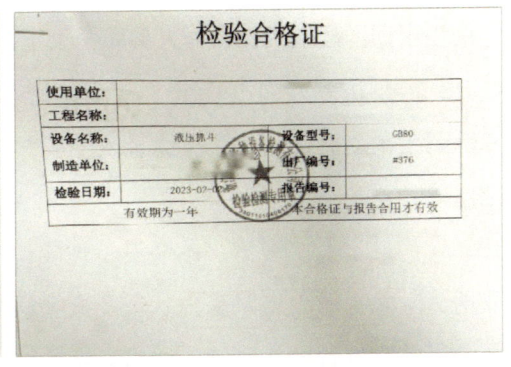

图 8-27　设备检验合格证明

图 8-28　钢丝绳、滑轮设置实例　　　　图 8-29　成槽机作业实例

图 8-30 成槽机整体设备实例

8.13 吊装作业许可

1. 起重吊装作业申请清单见表 8-2，涉及危险性较大分部分项工程的吊装作业工序，必须办理"起重吊装作业申请"（通称吊装令），吊装令详见本章末附件 8-1。申请中应当包含吊装作业内容、吊装作业周边环境、吊装设备类型、吊装站位和行走路线规划、起重机械操作人员和司索指挥人员。

2. 办理吊装令的吊装作业，施工单位必须执行领导带班值班制度。总承包单位专职安全员、分包单位负责人及安全负责人和监理单位安全专监必须到场全过程旁站监护。

3. 旁站要点主要有：吊装设备性能；操作、司索和指挥人员的符合性；吊装作业周边环境；承载道路受力状况及通畅程度；主吊、副吊站位及行走路线规划；吊具索具的完好性和牢固性；试吊安全性评估；双机抬吊配合步骤；信号传递的及时性等。

4. 零星吊装施工现场吊装尺寸较小且易散落的零星物件，应使用吊笼或专门承载器具。吊笼结构应进行设计，承载重量、吊点索具强度应经过计算，使用前应经过验收合格。经验收合格的吊笼，应设置明显的限重标识和管理标识牌，吊笼内物件重量不得超过其限制吊重。

5. 吊装作业前相关人员应查看吊装区域周边交通、建筑物、管线等情况，科学布置吊机站位，确保吊装作业半径内不影响周边现有建筑物，不对地下管线、架空线构成威胁。起重机严禁越过无防护设施的外电架空线路作业。

起重吊装作业申请清单 表8-2

起重设备类型		可不开具起重吊装作业申请单情况	需要开具起重吊装作业申请单情况
门式起重机		1. 小型工具、机具、材料； 2. 成捆木方、槽钢、方钢、木模板、钢筋架管等重量较小的材料； 3. 大钢模已就位后的微调过程中辅助吊装的情况； 4. 盾构管片、盾构出渣； 5. 钢筋原材装卸车； 6. 其他的零星作业（单次起吊重量小于1t、体积小于1m³）	1. 地连墙钢筋笼及锁口管吊装； 2. 长度10m及以上的钢支撑、钢围檩、格构柱的装卸、安拆，侧墙、墩柱大钢模的吊装及梯笼移动； 3. 水泥罐、集装箱、泥浆箱（面积大于10m²）、大型设备、设施安拆； 4. 盾构机、轨道车、平板车、三轴搅拌桩机、履带式起重机、龙门式起重机、塔式起重机等大型机械的安拆； 5. 吊移挖机、压路机、叉车等自行式设备的吊装； 6. 钢箱梁、贝雷梁、混凝土预制梁等构件的吊装； 7. 各类人防门的吊装； 8. 高压线保护范围内未设置硬隔离的吊装； 9. 拆除的地连墙、混凝土支撑、桩头、盖板的吊出； 10. 挂篮安拆； 11. 单次起吊重量大于1t或体积大于1m³的机电设备的吊装； 12. 采用两台及以上起重设备抬吊的； 13. 吊装时吊物超出围挡范围的吊装作业； 14. 起重设备位于围挡外的吊装作业
塔式起重机			
流动式起重机	汽车起重机	1. 钢筋原材装卸车； 2. 支架、模板成捆卸车； 3. 小型箱体吊装； 4. 自卸式吊车作业； 5. 钻孔桩钢筋笼； 6. 竹节桩、管桩； 7. 零星材料吊装（单次起吊重量小于1t、体积小于1m³）	
	履带式起重机	1. 围护及主体结构施工阶段所有零星材料吊装（单次起吊重量小于1t、体积小于1m³）； 2. 小型设施，如电焊棚、钢筋加工棚	
	轮胎式起重机（电动抓斗）	可不开具吊装令，仅用于土方开挖，禁止起吊其他物品	

6. 管理要求

（1）施工单位梳理吊装令项目清单，对相关人员进行清单交底，做到"一事一签、一处一签"，作业现场应备有审批的吊装令，填写完整规范，签字齐全；

（2）起重设备性能参数表每次必须后附；起重设备站位、行走路线图由总监或总代审核，总监或总代认为需要时后附；

（3）监理单位全面核实吊装条件，吊装令审批可以由总监授权委托总代签字，依据"谁审核谁负责、谁签字谁负责"原则执行，吊装令必须经总监或总代审批后方可实施吊装；

（4）危大工程吊装作业应严格执行《危险性较大的分部分项工程安全管理规定》（住房和城乡建设部令第37号）及《住房城乡建设部办公厅关于实施〈危险性较大的分部分项工程安全管理规定〉有关问题的通知》（建办质〔2018〕31号）等文件相关规定。

8.14 高处作业许可

1. 高处作业应制定安全专项方案和应急预案，专项方案内容至少应包括：现场所有高处作业的工序及各工序所采取的安全防护措施两大部分内容；应急预案内容至少应包括：紧急状况时的应急处置、逃生路线、急救方法、事故处理等部分。专项方案及应急预案应由专业工程技术人员和专职安全人员共同编制，项目技术负责人审批、签字盖章后报监理单位总监及业主代表审核，再报建设分公司安质部备案。审批后才能实施。

2. 施工单位应当在危险性较大分部分项工程施工前编制专项方案，对于超过一定规模的危险性较大的分部分项工程，施工单位应当组织专家对专项方案进行论证，施工单位、建设单位、监理单位、勘测单位、设计单位等相关人员参加。

3. 施工单位应当根据论证报告修改完善专项方案，并经施工单位技术负责人、项目总监理工程师、建设单位项目负责人签字后，方可组织实施。

4. 高处作业施工前，应逐级进行安全技术教育与交底、落实所有安全技术措施和配备安全防护用品，未经教育交底或教育交底考核不合格人员不得进入施工现场。

5. 安全技术交底的依据：有关法律法规、标准，工程设计文件、施工组织设计和专项施工方案、安全技术措施、安全管理文件、现场作业情况等内容。

6. 施工单位应建立分级、分层的安全技术交底制度，交底应有针对性及书面记录，应履行签字归档手续，现场监理单位总监需参加教育交底会并签字，保留影像资料。

7. 高处作业前，应由监理单位总监签发"高处作业令"，作业令详见本章末附件 8-2。每一个高处作业工作面配备一名高处作业监护人，监护人与作业人员应配备通信工具，如对讲机、口哨等。高处作业监护人，应由责任心强、经验丰富的人员担任，履行下列职责：

（1）监护人应熟悉作业区域的环境、工艺情况，有判断和处理异常情况的能力，懂急救知识；

（2）监护人必须核实安全措施落实情况，并随时进行监督检查，发现落实不够或安全措施不完善时，有权提出暂不进行作业；

（3）监护人应配备必要的救护用具，严禁离岗，不得做与监护无关的工作；

（4）认真检查高处作业使用的安全防护用品、器具，并保证其符合安全标准，监督施工作业人员正确使用；

（5）作业过程中及时制止作业人员的违章行为。

8. 对作业人员的要求

（1）攀登和悬空高处作业的人员，以及搭设高处作业设施的人员，必须经过专业技术培训且专业考试合格，并定期进行体格检查，患有精神病、癫痫病、高血压、心脏病、贫血、恐高症等疾病，肢体残缺或经医生诊断认为不适合从事高处作业的人员，不得从事高处作业施工。

（2）对疲劳过度、精神不振等人员要停止高处作业。严禁酒后从事高处作业。

（3）从事高处作业的男性作业人员年龄不宜超过50周岁，女性作业人员不宜超过45周岁。已满16周岁未满18周岁的未成年人不得安排其从事高处作业。

8.15 吊具索具管理

1. 卷筒、滑轮

（1）钢丝绳与卷筒应连接牢固，放出钢丝绳时，卷筒上至少保留3圈，收放钢丝绳时应防止钢丝绳损坏、扭结、弯折和乱绳。

（2）滑轮应设有钢丝绳防跳绳装置，并应完好可靠，该装置表面与滑轮或卷筒侧板外缘的间隙不应超过钢丝绳直径的20%，装置与钢丝绳接触的表面不要有棱角。

（3）卷筒和滑轮有下列情况之一时应予报废：

① 裂纹或边缘破损；

② 卷筒壁磨损量达到原壁厚的10%；

③ 滑轮槽不均匀磨损达3 mm；

④ 滑轮绳槽壁厚磨损量达到原壁厚的20%；

⑤ 滑轮槽底的磨损量超过相应钢丝绳直径的25%；

⑥ 其他能损害钢丝绳的缺陷。

2. 索具管理

（1）起重机使用的钢丝绳，应有钢丝绳制造厂提供的质量合格证明文件。其结构形式、规格和强度应符合该类起重机使用说明书的要求。同时，钢丝绳的磨损、断丝、变形、锈蚀应在规范允许范围内。

（2）钢丝绳典型劣化模式如图8-31～图8-43所示。

图 8-31 钢丝挤出

图 8-32 绳芯挤出

图 8-33 绳股凹陷、直径局部减少

图 8-34 绳股突出扭曲

图 8-35 局部压扁

图 8-36 扭结（正向）

图 8-37 扭结（反向）

图 8-38 笼状畸变

图 8-39 外部磨损

图 8-40 股顶断丝

图 8-41 绳芯扭曲引起的直径局部增大

图 8-42 阻旋转钢丝绳的内绳突出

图 8-43 绳股凹陷

（3）钢丝绳连接采取编插固接方式。编插部分的长度不得小于钢丝绳直径的20倍，并不应小于300mm。编插部分应捆扎细钢丝，捆扎长度应大于钢丝绳直径的20倍。

（4）钢丝绳连接绳卡固接方式，要求见《钢丝绳夹》GB/T 5976-2006。与钢丝绳直径匹配的绳卡数量应符合表8-3规定。绳卡间距应是6～7倍钢丝绳直径，最后一个绳卡距绳头的长度不得小于140 mm。绳卡夹座应在钢丝绳工作段上，U形螺栓应在钢丝绳的尾端，不得在钢丝绳上交替布置。紧固绳夹时须考虑每个绳夹的合理受力，离套环最远处的绳夹不得首先单独紧固。绳卡初次固定后，应待钢丝绳受力后再次紧固，并宜拧紧到使尾端钢丝绳受压处直径高度压扁1/3。作业中应经常检查紧固情况。绳卡布置形式如图8-44所示。

钢丝绳绳卡设置要求 表8-3

钢丝绳公称直径（mm）	≤ 18	> 18～26	> 26～36	> 36～44	> 44～60
最少绳卡数（个）	3	4	5	6	7
绳卡间距（mm）	80	140	160	220	240

（5）楔形接头方式见《钢丝绳用楔形接头》GB/T 5973-2006。楔形接头与钢丝绳的连接方法如图8-45～图8-47所示。

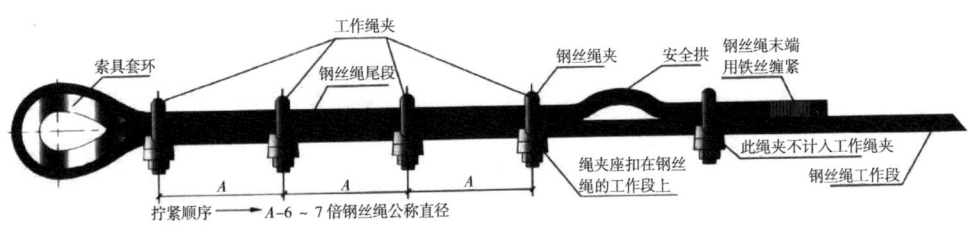

图8-44 绳卡布置形式

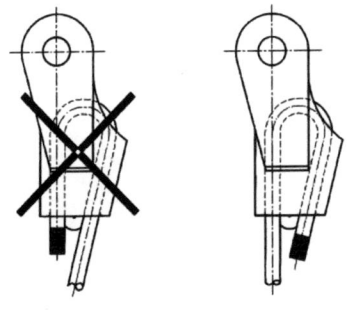 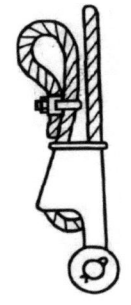 

图8-45 楔形接头与钢丝绳的连接方法　　图8-46 钢丝绳自由端折回后卡住　　图8-47 用一根备用绳头卡住自由端

（6）铝合金压制接头方式见《钢丝绳铝合金压制接头》GB/T 6946-2008。

3. 编织吊索

（1）选择编织吊索。应选用满足方案要求的编织吊索；吊索必须具有足够的强度和使用长度；结合被吊物品的性质、尺寸、形状、重量及使用方式、工作环境选择；使用带有软环眼的吊装带时，用于和吊钩相连的吊装带环眼的最小长度不小于吊钩受力点处最大厚度的3.5倍，同时环眼张开角度不应超过20°；吊索应符合《编织吊索 安全性》JB/T 8521-2007规定，进场后查验吊索的试验报告、出厂合格证明文件及标识。

（2）每次使用前，应检查吊索是否有损伤、变形及化学浸蚀等缺陷。不应使用没有标识或存在缺陷的吊索。

（3）使用过程管理重点。确定物品的质量、重心、吊点及连接方式；查看标识的极限工作载荷和方式系数；吊装带与起重机吊钩的连接方式；吊装带与物品的连接方式；防止吊装带被物品或提升装置的锐边割破、摩擦及磨损。

4. 吊具管理

吊钩应无裂纹、无异常磨损和扭转，磨损超过10%的应作报废处理。吊钩防钢丝绳脱钩装置应灵敏可靠。吊钩断面磨损、开口度的增加量、扭转变形、裂纹及相关轴销、套磨损情况应在规范要求内。

5. 吊索具管理

（1）对进场吊装所需吊索吊具采用分级管理，大型设备吊装所用吊索吊具由设备租赁方所有，进场需提供完整的合格证、质量检查证明以及试验报告等证明，其余小型吊装所用钢丝绳锁扣等由项目统一采购发放使用。对日常巡查中发现钢丝绳磨损达到报废标准的，采用现场切割的方式强制报废，防止工人继续使用。

（2）落实钢丝绳安全管理制度，对钢丝绳的编结标准及报废标准、钢丝绳管理制度及荷载（二维码）进行公示。现场所用的钢丝绳统一由项目部提供，且每根钢丝绳都按规格进行了编号识别。通过对钢丝绳统一管理，统一编号识别，避免现场钢丝绳管理混乱和使用不合格的钢丝绳，减少了起重吊装的安全隐患。

8.16 安全限位装置

1. 起重机械的变幅限位器、力矩限制器、起重量限制器、防坠安全器、钢丝绳防脱装置、防脱钩装置以及各种行程限位开关等安全保护装置,必须齐全有效,严禁随意调整或拆除。严禁利用限制器和限位装置代替操纵机构。

2. 建筑起重机械安全装置见表 8-4(引自《建筑机械使用安全技术规程》JGJ 33-2012 条文说明 4.1.11)。

建筑起重机械安全装置一览表　　　　　表 8-4

安全装置	变幅限位器	力矩限制器	起重量限制器	上限位器	下限位器	防坠安全器	钢丝绳防脱装置	防脱钩装置
塔式起重机	●	●	●	●	○	○	●	●
桥门式起重机	○	○	●	●	○	○	●	●
电动葫芦	○	○	●	●	○	○	●	●
施工升降机	○	○	●	●	●	●	●	○
物料提升机	○	●	●	●	●	●	●	○

注:●表示该起重机有此安全装置;○表示该起重机无此安全装置。

(1)荷载限制器

① 起重量限制器:当荷载达到额定起重量的 95% 时,限制器应发出警报;当荷载达到额定起重量的 100%~110% 时,限制器应切断起升动力主电路。流动式起重机、门式起重机、塔式起重机、物料提升机均应安装。

② 力矩限制器:应灵敏可靠,当起重力矩大于相应工况下的额定值并小于该额定值的 110% 时,应当切断上升和幅度增大方向的电源,但机构可作下降方向的运动。力矩控制器控制定码变幅变码的触点应分别设置,且能分别调整;对小车变幅的塔式起重机,其最大变幅速度超过 40m/min,在小车向外运行,且起重力矩达到额定值 80% 时,变幅速度应自动转换为不大于 40m/min。流动式起重机、塔式起重机均应安装。

(2)行程限位装置

① 起升高度限位器,也称吊钩高度限位器。一般装在起重臂的头部,当吊钩滑升到极限位置时,便托起杠杆。压下限位开关,切断电路停车,再合闸时,吊钩只能下降。门式起重机、塔式起重机均应安装。

② 末端限位装置。行走及小车变幅的轨道行程末端，每个运行方向应设限位装置，其中包括限位开关、缓冲器和终端止挡装置。限位开关应保证开关动作后塔式起重机停车时，其端部距缓冲器最小距离大于1m。门式起重机、塔式起重机均应安装。

③ 幅度限制器。一般的动臂起重机的起重臂上都挂有一个幅度指示器。当变幅时，指针指示出各种幅度下的额定起重量。当臂杆运行到上下两个极限位置时，分别压下限位开关，切断主控电路，变幅电机停车，达到限位的作用。履带式起重机应安装。

④ 回转限位器。为防止电缆绞伤，回转限位器正反两个方向动作时，臂架旋转角度应不大于±540°。流动式起重机、门式起重机、塔式起重机均应安装。

⑤ 行走限位器。防止起重机发生撞车，或限制在一定范围内行驶的保险装置。门式起重机应安装。

8.17 盾构机

1. 盾构选型

（1）设计单位应针对地质条件提出盾构机选型要求，对于高风险管线群综合考虑选型与施工技术，并落实到施工图中。

（2）施工单位应根据勘察、设计图纸及经济适用性等因素进行新造盾构机选型，方案经专家论证后确定。

（3）对于改造的盾构机，施工单位应根据穿越隧道地质条件和施工环境条件，对盾构设备进行适用性评估，编制盾构设备适用性评估报告，由公司技术负责人签发，后并经专家论证后，提交监理审查批准。

（4）盾构机选型应执行《盾构法隧道施工及验收规范》GB 50446-2017相关规定，不同类别盾构机如图8-48、图8-49所示。

（5）监理单位应对改造后的盾构机组织适用性验收，验收内容应与评估报告内容相对应。

2. 施工管理要求

（1）施工单位应编制重要部位/工序(盾构吊装、始发、接收、解体、掉头、过站，端头加固，围护结构破除，负环及洞门管片拆除，穿越重要建（构）筑物、管线、水体、

图 8-48 普通盾构机实例

图 8-49 类矩形盾构机实例

既有轨道线路，盾构开仓，联络通道，施工监测等）的专项施工方案。专项方案内容应齐全，具有针对性，应符合设计、施工规范要求。

（2）盾构吊装、盾构机始发/接收、穿越重大风险或复杂环境、空推段施工、盾构开仓、联络通道、施工监测等专项方案应经专家论证。

（3）操作盾构机的人员必须佩戴适当的个人防护装备，包括安全帽、安全鞋、耳塞或耳罩、防护眼镜、口罩等，以保护个人安全；盾构现场应配备通风、照明、通信、应急救援等设施。

（4）盾构开仓作业前，必须进行盾构仓内气体安全检测，其限量值应符合表 8-5 规定，并现场出具检测结果。

盾构开仓检测气体浓度限量　　　表 8-5

检测气体	最高容许浓度（MAC）
氧气含量	（20% ~ 23%）VOL
可燃性气体	< 10%LEL
二氧化碳	≤ 5%VOL
一氧化碳	≤ 0mg/m^3
氮氧化物（以 NO_2 计）	≤ 5mg/m^3
二氧化硫	≤ 10mg/m^3
硫化氢	≤ 10mg/m^3
氨气	≤ 30mg/m^3

（5）盾构机高压电缆施工完成后，必须由有资质的单位现场电试。

3. 电瓶车安全操作

（1）准备工作

1）检查交接班有无遗留问题。

2）查看机车的车身周围并检查：① 车轮（包括车辆车轮）下无垫块等障碍；② 车身有无油脂或易燃物附着；③ 司机室两端大灯和玻璃是否破损或清晰；④ 与场地有无电缆线或任何附件连接；⑤ 检查电瓶车及土斗拖车的轮子轴承是否打油润滑，轮缘是否有磨损。

3）检查蓄电池电缆线和插接器是否有损坏、老化现象，是否正确连接插接器。

4）检查车体上部各箱体与车体连接是否牢固（包括电阻柜、电控柜、空压机等），各箱体的门是否紧闭上锁。连接器是否备有插销。

（2）司控室检查

1）在司机室扭转断路器总开关至"ON"位，开通电源，观察电源指示灯是否发亮，如不亮，则关断电源，检查辅助回路电源线和熔断器等元件，待清除故障后方可开通电源。

2）司机室司控器速度手轮方向手柄均置"0"位。

3）在司机室拨动电源开关（右旋），开通电源，观察电源指示灯是否发亮，如不亮，则关断电源，检查辅助回路电源线和熔断器等元件，待清除故障后方可开通电源。

4）在电源指示灯正常发亮后，观察空压机是否工作，压力是否上升，观察空压机工作到额定压力 0.8 MPa 后是否停机。

（3）运行注意事项

1）司机在驾驶机车运行时要时刻注意前后方的情况，以及操纵台上的各种仪表和显示灯。

2）电线的烧损和轴、轴承发热都可产生异味，所以要特别注意任何不正常的声音和气味，如有异常，及时停车处理，并报告有关负责人。

3）机车在运行过程中，如变流器发生封机、故障指示灯亮，需人工按"复位"按钮。

（4）盾构轨行区与台车实例如图 8-50 所示。

4. 盾构机设备检修与保养

（1）盾构机设备的保养与维修遵循预防为主、状态检测、强制保养、按需维修、养修并重的原则。

（2）应形成日常维护保养和定期保养与维修检查机制，发现异常情况，应当及

图 8-50　盾构轨行区与台车实例

时处理，并做好维修保养记录。需对空压机、主驱动、减速机等关键部件进行强制保养，定期对重要部位，如主轴承、刀盘等位置螺栓进行复紧。设备检查验收实例如图 8-51 所示。

图 8-51　设备检查验收

（3）日常保养与维修在每施工班组作业前后及设备运转时进行，内容是"检查、调整、紧固、润滑、清洁"，并对检查中发现的问题及时处置。日常保养与维修主要内容详见《盾构法隧道施工及验收规范》GB 50446-2017 相关规定。

（4）定期保养与维修分为周、月、季、半年和年保养。定期保养与维修主要内容详见《盾构法隧道施工及验收规范》GB 50446-2017 相关规定。

（5）保养与维修记录内容包括：时间、维保人员姓名、维保部位名称、维保部位运行情况或故障描述、原因分析、维保内容、维保后的设备运行情况等。

附件 8-1

施工现场起重吊装作业申请单（吊装令）

致（监理单位）

本项目经理部拟于　　月　　日　　时在　　　　　　进行　　　　　　起重吊装作业，请准予作业，并派员旁站监理。
项目负责人/项目安全负责人（签字）：　　　日　　期：

一、起重设备工况		
项目	主吊	辅吊
型号及名称		
设备使用登记编号		
吊臂长度		
最大起重重量		
制动装置		
安全装置		
吊、索具情况		
被吊物重量及尺寸		
被吊物吊点可靠性		
起重司机及证书号		
起重信号司索工（含指挥）及证书号		
附起重设备站位、行走路线图及起重设备性能参数表		
二、作业环境情况		
地基情况		
吊装作业周边环境		
作业范围内警戒措施		
其他采取的措施		
三、专项方案技术交底情况		
专项方案		
安全技术交底		
四、监护人员		
施工单位监护人员		

续表

监理单位监护人员	
监理单位审查意见: 安全专监（签字）：　　　　总监理工程师／总监理工程师代表（签字）：　　　日　　期：	

附件 8-2

高处作业令（试行）

作业时间	
作业部位	
作业内容	
作业人员	

序号	安全措施
1	作业人员三级安全教育、培训齐全□
2	高处作业监护人到岗，且对作业人员开展现场方案、安全技术交底□
3	作业人员安全防护用品正确佩戴齐全（安全带、安全帽等劳保用品领用记录齐全）□
4	作业安全防护设施设置有效（防护栏杆□、防坠网□、作业脚手架□、上下通道□）
5	采光、夜间作业照明符合作业要求（防爆灯□／临时灯□）
6	作业人员无明显身体不适或其他不适合高处作业现象□
7	露天高处作业无风力六级及以上、雷电、暴雨、浓雾等恶劣气象条件□
8	其他措施事项：无

施工单位意见	监护人签字：	安全员签字：
监理单位意见	安全专监签字：	

注：高处作业令申请作业时间不得超过 24h。

第 9 章 智能建造

9.1 基于 BIM 的施工风险管控技术

现代信息技术、人工智能、自动化机械等技术的快速发展和在交通运输领域的广泛应用,为城市轨道交通发展全过程管理、机械化装配式施工、自动化操作等提供了重要手段和实施基础。建筑信息模型(BIM)技术作为智能建造的核心模块,可将设计、施工和运维充分融合,最终实现项目信息化、精细化、智能化管控,提升工程全过程管理品质。

通过 BIM 技术建模,可以实现对建筑物系统和子系统的信息集成、可视化和协同,提高工作效率,减少错误和重复工作。在城市轨道交通工程建设中,BIM 技术也可以应用于施工风险管控,以确保工程质量和安全。基于 BIM 的施工风险管控技术,用信息化手段规范施工风险管控流程,改变传统的分散管理模式,实现城市轨道交通工程施工安全风险的全员和全过程管控。

1. 产生背景

城市轨道交通工程施工风险众多,一旦酿成事故,往往经济损失和社会影响巨大,而施工单位作为施工风险的直接管控方,往往存在对施工风险的管理力度不够、认识不到位、管控方法落后等问题。基于 BIM 的城市轨道交通工程施工风险管控技术将工程的 BIM 模型、施工计划和进度、风险源、巡视或监控量测成果等集成在 GIS 平台上,用信息化手段来规范施工风险管控流程,改变传统的分散管理模式,把施工风险的巡视、监测、预警、响应、处置和消警系统化,实现施工风险全员和全过程管理。

2. 技术内容

施工风险管控技术包含九大核心内容,组成如图 9-1 所示。

(1)基于 BIM+GIS 的风险源可视化管理:基于 3D-GIS 和 BIM 模型,标识场站、线路等工点及场地、周边环境中的各类风险源,实现风险信息的图文一体化管理和双向互查，便于检索、挖掘。该技术能可视化地展现给相关人员，实现实时共享和动态评估，通过多种数据接口、自动分析和预警、问题库和预案库、对风险处置措施和消警的闭环跟踪监管等功能，使相关数据得到集中管理，风险管理流程更加高效地落到实处，促进施工安全风险得到及时、有效、协同的管理和控制。

（2）基于施工进度的风险源动态管理：结合施工计划建立4D-BIM模型，随着施工实际进度或模拟进度，展现土方开挖、基坑支护、主体结构施工、区间隧道施工的进展，直观提示需要相应关注或监测的风险源，向监测人员发送当天应监测项目和监测频率、巡视线路和巡视内容。

（3）巡视管理：可视化地制定巡视线路和巡视工作内容，结合监测点、风险源、二维码等，自动跟踪判断巡视任务的执行完成情况，并进行考核评价。巡视过程中发现的问题可通过移动端实时上报，常见问题可利用缺陷库直接获得标准化的缺陷定义、缺陷描述以及安全状态评价，简化录入工作并统一用语。

（4）监测管理：可视化的布置监测点，设置相应的监测值报警条件；也可导入监测点布置方案。通过接口导入监测数据，并与监测点自动关联。集中统一地完成监测数据的录入、存储、计算和分析工作。

（5）风险预警管理：包括巡视预警、监测预警、综合预警。巡视预警是根据现场风险状况及相应的巡视预警标准进行预警信息发布；监测预警是根据监测数据与预设的报警条件进行比对后自动发布预警；综合预警是综合考虑监测预警和巡视预警情况而发布。支持虚拟警戒设置，提供对预警处置情况的记录管理及消警设置；随着实际施工进度，自动调整主要监测点、监测频率，自动发出三级预警，结合巡视预警情况综合判定风险源的安全状态。

（6）风险状态评价：根据施工进度以及监测数据和巡视情况，基于综合评估规则自动判定风险源是否处于安全状态，并由施工安全风险管理人员进行审核，通过调取风险源的监测数据详情综合判定。

（7）综合分析和管理：建立沉降区域等高线图，依据颜色渐变趋势带来的视觉直观性协助分析沉降概况和趋势；辅助生成和管理风险报告、监测报告、巡视报告、预警报告、沉降区域等高线图、变形曲线图等；针对风险变化、风险趋势建立参数化的族库，支持警戒带、道路封闭等标志牌的三维显示，建立虚拟警戒区，辅助管理人员判断施工人员是否可以作业，指导现场人员设置警戒区；结合施工进度调整风险监测方案或处置措施。通过移动端和现场安装的显示屏实时显示风险状态、预警信息及警戒区，辅助管理人员决策，指导施工人员作业。

（8）移动协同管理：在手机等智能移动终端上查看场地与模型、风险数据、巡视和监测数据、风险预警等信息，并结合即时消息推送、人性化提醒，及时处理各种待办事务，与桌面端实现协同。

（9）后期维护管理：城市轨道交通工程验收合格后，将各阶段验收形成的专项验收情况、设备系统联合调试数据、试运行数据等验收信息和资料附加或关联到4D-BIM模型中，形成竣工验收模型，分别向政府管理部门和运营单位移交，在后期的维护和管理中，可更加便于发现问题，解决问题。

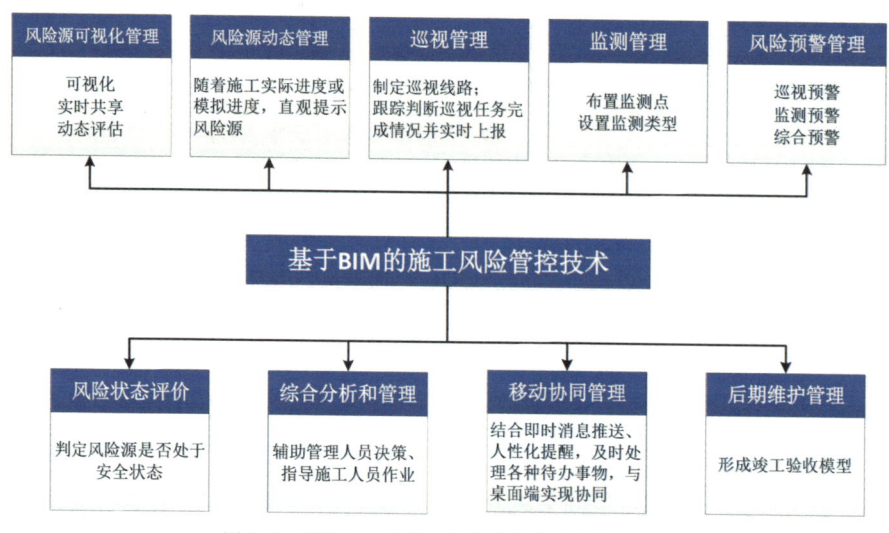

图 9-1　基于 BIM 的施工风险管控技术的技术内容

3. 主要技术性能和技术特点

（1）集成度高：用 GIS 平台整合 BIM 模型、施工进度管理、风险巡视和监测管理、预警及响应管理等全过程的数据流和管控信息，便于项目管理人员直观掌握现场整体风险管控状态。

（2）管控过程信息化：巡视过程、监测数据、预警发布直至处置消警全部信息化，结合移动端的使用，使数据和信息快捷传递，有利于施工现场的快速响应和管控。

（3）协同化施工风险管理：综合运用 BIM、GIS 和移动互联网等技术，为施工项目的决策、生产管理、安全管理和技术管理人员及作业人员提供统一的信息协同平台，把与施工风险管控过程相关人员全部纳入进来协同管理，实现全过程全员管理。

（4）可靠性强：数据的管理和使用设置系统权限，从而确保系统、数据的安全可靠，充分考虑分级互联网及外网衔接中的应用操作与信息访问的安全问题，系统设计采用有效的备份措施，能够在遇到灾难性破坏时进行数据恢复。

（5）扩展空间充分：系统建设采用积木式结构、组件化设计，整体架构为以后的系统建设预留了充分的扩展条件和良好的衔接接口，能够对已有和在建或拟建的相关系统进行有效接入。

9.2 危险源监测与感知技术

城市轨道交通建设涉及复杂的工程建设、多元化的人员协作，具有高度的技术含量，在整个建设过程中危险源的潜在风险非常高，因此危险源监测也显得尤为重要。监测工作可以帮助项目人员及时发现可能发生的危险性，对于保障圆满完成工程建设，保障公众生命财产安全具有重大意义。

感知技术是城市轨道交通建设中危险源监测的重要手段之一。主要包括传感器、物联网、智能终端设备、大数据等技术，通过获取、分析、处理和传递海量数据，帮助实时监测和预测危险源，以及实现对潜在风险的预警。

1. 产生背景

（1）城市轨道交通工程作为高危行业，其主要特征是埋深较浅、地质条件差、周边环境复杂，危险源多种多样且极易发生社会影响事件，安全生产工作历来是其工作重点。其安全风险控制面临以下主要科学问题与技术瓶颈：

① 城市轨道交通工程涉及大量超大超重机械，地上地下交叉作业频繁，失稳控制困难。

② 岩土水文赋存条件随机多样，沿线穿越密集基础设施与建筑物，结构与环境时空效应复杂。

③ 施工队伍流动性大，安全意识淡漠，不安全行为问题突出。

2. 技术内容

危险源监测与感知技术包含八大核心内容，如图9-2所示。

（1）城市轨道交通工程机械失稳智能检测及便携式感控一体化装备。

（2）通过物联网技术建立盾构施工的感、传、知、控一体化智能检测平台，可

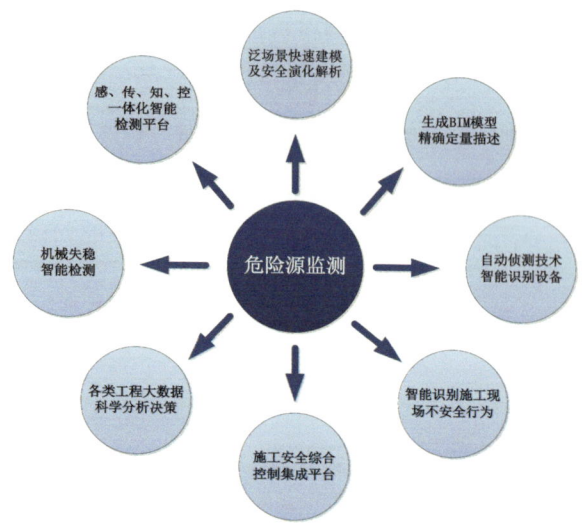

图 9-2 危险源监测与感知技术内容

远程在线实时分析盾构掘进引起的地层失稳、沉降超限等一系列安全风险；通过盾构掘进失稳智能检测方法与拼装质量智能 CT 诊断技术，现场应用吊装便携式智能感控一体化装备，可实现施工机械稳定性精准感知与智能控制。

（3）施工结构及环境的泛场景快速建模及安全演化解析技术。

（4）通过复杂空间条件下工地场景快速自动建模与匹配标定方法，可完成施工工地的数字孪生，快速自动化建模并生成 BIM 模型；通过基于 IFC 与工程语义的安全状态属性动态扩展与解析技术，实现对结构环境安全风险演化规律的精确定量描述。

（5）施工不安全行为自动侦测技术与智能识别设备。

（6）利用施工不安全行为自动侦测算法，可有效智能识别施工现场不戴安全帽、机械距离过近、进入危险区域等不安全行为；通过施工人员行为的智能识别嵌入式系统及设备进行矫正和培训，可以大幅降低施工工地的不安全行为发生率。

（7）大数据驱动的施工安全综合控制集成平台。

（8）通过部署实施大数据决策支持与服务平台，汇集进度、成本、质量、安全、合同以及工程资料等各类工程大数据，提供科学分析决策，形成工程质量安全的六道监管防线资源整合，有效保障施工全要素、全过程、全主体安全。

3. 主要技术性能和技术特点

（1）创新性：通过将感知技术运用于城市轨道交通建设过程中危险源监测，构建城市轨道交通工程施工信息物理系统的创新思路，以影响施工安全的"人-机-环"

等要素为主线，建立施工安全主动控制关键技术体系。

（2）先进性：运用物联网、大数据、人工智能实现安全风险精确感知、实时分析和主动控制，提高施工安全风险可感知、可计算、可控制水平。

（3）综合性：通过机械失稳智能检测技术、结构及环境安全演化解析技术、不安全行为智能识别技术，以及安全大数据平台，保障全要素、全过程、全主体安全。

9.3 隐患排查安全预警系统

安全风险管理是隐患排查治理的前提和基础，隐患排查治理是安全风险分级管控的强化与深入。各参建方可以在Web端和移动互联网终端随时开展相应隐患排查治理的信息采集、上报、审核及整改等质量安全管理工作，大幅缩短隐患排查治理全过程的时间，提高隐患治理的效率与效果；同时通过信息库记录管理，实现"有据可查，抓铁有痕"的效果。

隐患排查安全预警系统是一种利用信息技术和传感器技术实现的场景安全监测工具，该系统可实时监测城市轨道交通工程建设现场出现的安全隐患，为施工管理人员提供便利工具，帮助其及时发现和消除安全隐患，提高安全生产水平。

1. 产生背景

城市轨道交通建设工程作为建筑施工领域的高危行业，其主要特征是隧道管片埋深较浅、工程地质环境及周边环境复杂、线长点多、工程协调量大，危险源类别多且极易引发重特大安全事故、造成恶劣的社会影响，因此安全生产工作历来是其工作的重点。

虽然我国在城市轨道交通工程施工领域隐患排查治理方面有了长足的发展，各项制度相对完善，隐患排查治理水平不断提升，但还普遍存在隐患排查频次、范围不具体、隐患整改时效性不强、整改质量不高等问题，无法及时、有效地化解风险和消除隐患。隐患排查安全预警系统的运用就是为了解决轨道交通工程建设中的安全问题。该系统采用现代监测技术，对工程建设现场进行实时监测和数据分析，及时发现和预警潜在的安全隐患，从而为工程施工管理者提供安全决策支持。

2. 技术内容

隐患排查安全预警系统包含五大核心技术，如图9-3所示。

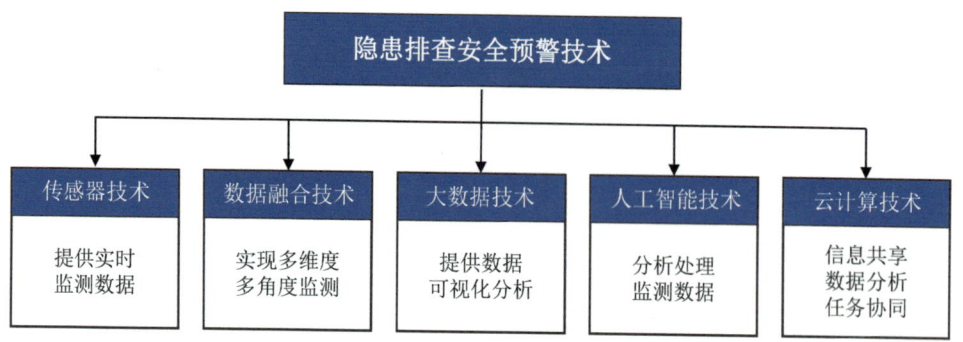

图 9-3 隐患排查安全预警系统技术内容

（1）隐患排查安全预警系统采用多种传感器技术实现安全监测，包括变形传感器、振动传感器、温湿度传感器、压力传感器等。这些传感器能够实时、高精度地监测施工现场的各项参数，包括土壤沉降、隧道变形、轨道位移等，提供实时监测数据，为安全预警提供基础数据。

（2）隐患排查安全预警系统通过将不同传感器采集的数据进行融合，实现多维度、多角度的监测。通过数据融合，系统可以快速、准确地发现施工现场的安全隐患，同时可以对数据进行分析，提取有价值的信息。

（3）隐患排查安全预警系统基于大数据技术，对采集的数据进行分析和挖掘。通过数据的可视化和分析，系统可以帮助施工管理人员快速定位危险点和风险源，并提供决策支持。另外，通过大数据技术，系统可以对历史数据进行挖掘和分析，提取出规律性问题，从而提高预测准确性。

（4）隐患排查安全预警系统利用人工智能技术对监测数据进行分析和处理，例如应用机器学习算法识别施工现场的危险条件、预测事故风险等。

（5）隐患排查安全预警系统基于云计算技术，能够实现信息共享、数据交换、任务协同等功能。通过云计算技术，系统能够实现数据的快速传输和处理，提高数据的安全性和共享性。

3. 主要技术性能和技术特点

（1）多元化的监测手段：隐患排查安全预警系统采用多种监测手段，包括视频监控、全息传感器、地震传感器、激光测距传感器、声学传感器等，可多角度地对施工现场进行实时监测，保证数据的全面性和准确性。

（2）实时性：系统具有实时监测和分析数据的能力，一旦发现异常情况，能够及时发出警报，提醒工程管理人员及时采取措施，避免事故发生。

（3）自动化：隐患排查安全预警系统可通过传感器获取施工现场的各种数据，并对这些数据进行实时监测和分析，在发现异常情况后，会自动触发预警操作，减少了对人工干预的依赖，提高了数据处理的效率和准确性。

（4）高精度：系统采用的传感器和数据处理分析技术能够提供高精度的监测数据和分析结果，可以快速、准确地发现潜在的安全隐患，对保障工程安全具有重要意义。

（5）可视化：系统可以将监测数据以图表、曲线等形式直观地呈现出来，使管理人员可以更加清晰地了解施工现场的状态和安全风险，并作出相应的决策。

（6）智能化：系统采用人工智能、数据挖掘等技术手段，能够实现数据自动分析，快速地发现潜在的安全隐患，并提示管理人员及时采取应对措施，降低安全事故发生率。

图书在版编目（CIP）数据

城市轨道交通工程安全文明施工标准化管理手册/殷茜东，宓绅，刘阳主编.—北京：中国建筑工业出版社，2024.5
 ISBN 978-7-112-29722-1

Ⅰ.①城… Ⅱ.①殷… ②宓… ③刘… Ⅲ.①城市铁路－铁路施工－安全生产－标准化管理－中国－手册 Ⅳ.① U239.5-65

中国国家版本馆CIP数据核字（2024）第066165号

本书系统介绍了城市轨道交通安全文明施工标准化的各项内容，将为施工科学化、安全化、数字化提供支撑。全书共分为9章，包括：总则与基本规定，安全文明施工管理行为，安全防护，消防安全，管线保护，临时建筑，施工用电，施工机械，智能建造等。全书内容实用，具有较强的指导性，可供城市轨道交通工程行业从业人员参考使用。

本书如无特别说明，长度单位均为"mm"，标高单位为"m"。

责任编辑：王砾瑶
责任校对：张惠雯

城市轨道交通工程安全文明施工标准化管理手册
殷茜东　宓　绅　刘　阳　主编
*
中国建筑工业出版社出版、发行（北京海淀三里河路9号）
各地新华书店、建筑书店经销
北京海视强森文化传媒有限公司制版
建工社（河北）印刷有限公司印刷
*
开本：787毫米×1092毫米　1/16　印张：9　字数：165千字
2024年5月第一版　　2024年5月第一次印刷
定价：**95.00**元
ISBN 978-7-112-29722-1
（42322）

版权所有　翻印必究
如有内容及印装质量问题，请联系本社读者服务中心退换
电话：（010）58337283　QQ：2885381756
（地址：北京海淀三里河路9号中国建筑工业出版社604室　邮政编码：100037）